DECIPHERING SCIENCE SERIES
破译科学系列

王志艳◎编著

寻找失落的古文明

科学是永无止境的
它是个永恒之谜
科学的真理源自不懈的探索与追求
只有努力找出真相，才能还原科学本身

延边大学出版社

图书在版编目（CIP）数据

寻找失落的古文明 / 王志艳编著．—延吉：延边大学出版社，2012.9（2021.6 重印）
（破译科学系列）
ISBN 978-7-5634-5036-7

Ⅰ．①寻… Ⅱ．①王… Ⅲ．①远古文化－世界－通俗读物 Ⅳ．①K11-49

中国版本图书馆 CIP 数据核字（2012）第 221018 号

寻找失落的古文明

编　　著：王志艳
责任编辑：李东哲
封面设计：映像视觉
出版发行：延边大学出版社
社　　址：吉林省延吉市公园路977号　邮编：133002
电　　话：0433-2732435　传真：0433-2732434
网　　址：http://www.ydcbs.com
印　　刷：永清县晔盛亚胶印有限公司
开　　本：16K　165×230毫米
印　　张：12印张
字　　数：200千字
版　　次：2012年9月第1版
印　　次：2021年6月第3次印刷
书　　号：ISBN 978-7-5634-5036-7
定　　价：38.00元

前言 Foreword

智慧的古希腊，伟大的罗马，永恒的埃及，虔诚的印度，美丽的巴比伦，神秘的玛雅、印加、阿兹特克……几百万年弹指一挥间，我们仿佛正与祖先相对凝视，默默无言。我们知道，人类的发展历经了艰辛与奋争，其间的无数奇迹和秘密，却永远无从知晓。幸好，在人类发展的每一阶段，都有各式各样的文明相伴。尸体可以腐烂，遗址可以消失，森林可以泯灭，大地可以塌陷，而惟有祖先的思想和智慧的光芒，在亘古长夜里熠熠闪光。

几万年前的敦煌岩画、两河流域的第一道曙光、爱琴海畔智者的辩论、黄河流域的辛勤耕耘…… 我们一路走来，身后的文明如璀璨珍珠，被时间的线条穿起，构成了这个蔚蓝星球上最伟大的一幅风景。

我们对人类的文明了解越深，也就对文明本身越加敬畏。然而，这些历史交响乐中的重要音符，这些人类辉煌的见证，却神秘地被历史的尘埃深深掩埋，只留存于历史记载或民间传说之中，成为“失落的文明”。

为了展现世界各地“失落文明”的风采，我们从浩瀚的史海中，从搜集整理的大量资料中，精心挑选了一些经典的失落文明故事。运用通俗流畅的语言、新颖独特的视角、大量精美的图片和科学审慎的态度，编写了这本书。希望通过对本书的阅读，能帮助青少年读者在静静的审视那些面目模糊甚至已经消失的古老文明，从而拓展视野，开启心智，增长见识，在思考和探索中走向未来。

本书在编写过程中，参考了大量相关著述，在此谨致诚挚谢意。此外，由于时间仓促加之水平有限，书中存在纰漏和不成熟之处自是难免，恳请各界人士予以批评指正，以利再版时修正。

目录 CONTENTS

古庸国失落之谜

长江至汉水流域古称“江汉”。江汉地区千流百川东流入海，故《诗经》曰：“滔滔江汉，南国之纪，”又曰：“江汉朝宗于海。”早在春秋之前，有一个横跨江汉中西部地区的泱泱大国，它就是雄居秦、楚、巴蜀之间的古庸国。

古庸国是中国古代文明的一个发祥地，与黄河流域的古殷商之地一样，同是中华文化的摇篮。在辉煌文明的推动下，古庸国曾经盛极一时。

商朝末年，庸作为数巴并立时一支重要部族跟从周武王伐纣，《尚书》上记载说：“武王兴兵伐纣，庸率卢、彭、濮等八国以兵相从。”八国伐纣庸为上，立下大功后庸与巴一起被封为子国（庸国故地在今湖北竹溪县一带），巴庸一时成为周王室监控南方的重要力量和藩屏，这前后就是史称“数巴并立”的时代。庸国的疆域也拓展至今陕西的山阳、镇安、柞水、安康、汉阳、紫阳、岚皋、平利、镇坪，今重庆的巫溪、巫山、奉节，湖北的竹山、竹溪、房县、神农架、兴山、秭归、巴东等县，整个秦岭东南山地和大巴山区大部皆为庸地，都城方城筑在今竹山县文丰乡皇城村。

古庸国历史悠久，应早于秦，不让于巴、楚。关于庸的起源，古往今来众说纷纭。目前较流行的有以下几种说法：一是“容成氏”说；二是“祝融”说，对于庸究竟是从容成氏而来，还是由祝融氏而来，祝融是为远古三皇之一的祝融氏，还是帝喾之臣重黎或吴回？史学界恐怕一时谁也难以说清。从诸多文献看，倾向于后者稍微为宜，即庸人、楚人、巴人、蜀人、秦人，同属于帝颛顼苗裔的分支。但不管庸的始祖是谁，有一点是无可置疑的，即庸国的起源应在夏时或更早，也有可能与楚、巴起源于同一个时代。

作为一个氏族的文化史，论其古老文明，庸可与巴、楚相媲美。事实上，江汉中西部地区早在远古时代就已经有了人类活动，庸人的祖先或许就起源于这一地区。郧县猿人化石，女娲、舜等在庸地活动的历史记载，就足以证明这一点。正是由于庸人千百年间世代在江汉中西部地区繁衍生息，才缔造出古老的庸人文化。

古庸国是亚洲人类、中国古代文明发祥地之一，可以说她与黄河流域的古殷商之地一样，同是中华文化的摇篮。中华民族的先祖曾在这一地区有过广泛的活动，著名的古人类化石“郧阳人”就出自江汉西部古庸国疆域内（现今湖北省郧县）；《舆地纪胜》、《太平寰宇纪》记载的“女娲炼石补天”之所的“女娲山”，就在古庸国属地（现今陕西省平利县城西）；五帝之一的舜出生在姚墟（又名妫油），后又名西城（现今陕西省安康市内），在《帝王世纪》、《史记》中均有记载。有人推测屈原的祖先就是庸国人。其故地在今湖北竹溪，近年其地发现了7.5万平方米的庸国遗址。据三峡地区和陕西安康市考古发现，早在6000年前，庸国人便已发明了文字。这些文史资料，足见古庸国文化源远流长之一斑。千百年来，沧海桑田，古庸国属地大部一分为三。按现今行政区域划分：一部分现隶属于陕西；一部分隶属于湖北；一部分隶属于重庆；还有一小部分隶属于湖南。

据《竹山古志》记载：“竹山为古庸国，春秋地入楚，战国地入秦，复归楚，后又入秦。”成语“朝秦暮楚”、“庸人自扰”（庸人自扰语出《新唐书》，据今人考证，与庸国有关）均与这里有关。但让考古学者深感遗憾和困惑的是，此前并没有在这一带发现一件古庸国文物。

近日，湖北省竹溪县的县河镇，发现距今三千年左右的西周庸国遗址。这处西周庸国遗址位于县河镇政府东边与竹山分界处，南接金沙坪，北靠翟家坝。经现场采掘和征集出土文物标本，陶制器皿制法为轮制，大板瓦为手工制作，以纹饰细绳纹为主，有素面，还有刻画纹、表穗纹、凹弦纹、乳丁纹等。经湖北省文物普查标本鉴定为西周遗址。据有关文献资料记载，竹溪县周朝时属庸国。这对探索古庸国遗存提供了线索。

庸国被消灭，但庸国文明并没有消失：我们依然能看见庸人的身影，听见庸人的声音。

伏羲、女娲从远古洪荒中联袂而来，神农氏手握野草而至——伏羲和女娲在庸国境内造人、补天、传法，筚路蓝缕，福泽天下，至今犹有遗迹传诸于世，如宝丰镇有女娲山，官渡镇有伏羲洞，得胜镇有圣母山；神农氏在神农架周围遍尝百草，寻找五谷，分辨灵草，开创了农耕文明和东方医药文明。

蚩尤从远方飘来，这位"古天子"是西南民族的先祖，自然是庸人的远祖；炎帝从眼前闪过，这位神农传人在西南地区经营多年，自然是庸人先祖；黄帝从眼前消逝，中华第一帝来自北方游牧民族，曾与炎帝族大起干戈，得胜后握手言欢，还娶巴人之女为妻，相当于庸人外祖。庸人正是西北氐羌族与西南百濮族的融合，三位古帝王都是庸人的祖先，也同时闪亮在中华古民族文明史册上。

尹吉甫正眺望着庸国。这位出生于现今房县的周宣王殿下的大臣文武双全，大概是庸国向周王朝输送的杰出人才。他东征西讨，筑城垒堡，并且写下《六月》、《商颂》等著作，充分体现了庸人在军事、建筑、诗歌等方面的睿智与艺术才赋。

屈原怀念着故国，他出生的秭归县昔日正是庸国的辖地。"帝高阳之苗裔兮，朕皇考曰伯庸；摄提贞于孟陬兮，惟庚寅吾以降。"庸亡三百多年后，屈原仍清楚记得那个日子。这位庸国后裔同样具有庸人军事、文化的特长，留下光耀千古的《离骚》、《天问》等不朽诗歌。他也同样有着庸人刚烈不屈的性格魅力，最终魂归江水，千古流芳。

庸国，最古老的神秘王国，几千年来一直被历史的迷雾所遮盖。上古时代，正是一群"庸人"建立了一个以"庸"为名的国家。庸人因为善于铸造铜器被称为"镛人"，又因为善于建造城池攻守之道，被称为"墉人"。

张家界的前身叫大庸，以致有不少人把"庸"看成是平庸的意思，因而"大庸人"变成了最最无用的人，听起来非常忌讳。1994年，改大庸市名为张家界市的时候，没有人不拍手赞成的，有不少人说，从此我们再也不是"大庸人"了。

其实大庸的"庸"绝非平庸的"庸"。大庸原是古国名，在春秋战国时，是巴、秦、楚三国之间的国家，建都上庸（今湖北省竹山县西南）。周武王革商纣之命，据《尚书》记载，他联合西土庸、蜀、羌、微、卢、彭、濮等族和方国，而庸国则是位列于这八国之首，足见在商代它就有了自己的领地，具备了国家的雏形。

庸国的疆土，比早期的秦及巴国还大，与南方崛起的楚国不相上下。周武王在分封土地时，最大的宗姬国不过百里，小者仅50里，秦在春秋周平王时只有一个赵城，周早期的巴国疆土限于四川的东、北部及重庆的东、西、北部；楚国疆土限于江汉平原至鄂东、南及湖南北部一带。而古庸国，则是一个横跨长江至汉水这样一个地域辽阔的大国。

以前，人们对庸国不是很了解，以为庸国是楚国的附属国。实际上，庸国包括麇、鱼、夔等附属小国，其东部含古麇属地，东南部含鄂西及湖南张家界市及慈利、桑植等县，今巴东、兴山、秭归、建始等县，是古代夔国的领地，当然也为庸国所属。

事实上，商汤至周早期的庸国疆土还应包括现今的荆州市及荆门市的南部到今钟祥一带。庸国的南部包括今天重庆的东北地区，含万洲、开县、梁平以北各县。《读史方舆纪要》记载："四川首州府，周庸国地……四川大宁、奉节、云阳、万县、开县、梁山（今重庆梁平）皆其地也。"

庸国的西部应包含现今的陕西省汉中市大部分属地。《华阳国志·汉中志》说："（汉中）本附庸国，属蜀。"也就是说，汉中原本是庸国属地。

庸国的北部包含今天的湖北郧西县、陕西旬阳县及商洛东部。在史书的记载中，陕西商洛一带在夏商时期的归属并不明了。大概其东部部分地区也属于庸地。据《魏书》记载："皇兴四年置东上洛，永平四年改为上庸郡。辖商、丰阳二县。"上庸郡就是商洛东部丹凤、商南、山阳一带。名为庸郡，可能与曾经是庸国属地有直接的关系。

庸国疆土如此之大，在春秋前期少有。这样大的一个独立古老国家，竟被误解成楚国的附属，《左传》载："庸，楚之小国，庸人帅群蛮以叛楚，后为楚所灭。"是非常可笑的。

疆域广大的庸国并非是徒有其表，其国力也非常强大，地位、声望都很高。庸国在商朝时期，是群蛮之首，湖南北部、湖北西南部的“百濮”都归集在庸国的麾下。这与庸国在当时的政治、军事实力、威望是分不开的。庸国在春秋时期称雄于楚、巴、秦之间，曾打败楚国几次入侵，以至于给楚国造成迁都的威胁。最后的庸楚之战，楚如果不联合巴、秦，单靠某一个诸侯国想灭掉庸国，几乎是不可能的。

庸国不仅国力强大，其爵位也很高。《礼记·王制》说：“王者之制禄爵，公侯伯子男，凡五等。”《仪礼》说：“同姓大国则曰伯父，其异姓则曰伯舅。同姓小邦则曰叔父，其异姓小邦则曰叔舅。”庸国国君世代为侯伯，其他诸侯国则是：“虽大，爵不过子，故吴、楚及巴皆曰子。”周时分封制度是严格的，非伯者不能称其为诸侯，庸即为伯，说明其地位很高，也充分证明庸国的强盛。

庸国这个古国，在历史上并不平庸。夏商时代，庸人拥有独特而丰富的文化形态，古庸国盛产五金，由此提出庸国是“铸钟大国”，掌握着先进的青铜技术，是以又被称为“镛人”。庸人不仅在新定居地带来了岩葬文化，还带来了先进的铸造文化。庸国被灭以后，庸人中有一支远走东南瓯越（福建）山地，成了后来的百越中的越人一支，这个外来民族以善冶炼青铜器著称，最初被称为“钺人”，钺与镛意义相通，都是指善于冶炼青铜的意思，钺是一种青铜兵器，这也显示了以武立国、精于冶炼的巴镛人的一个特性。在古代，钺越二字相通，钺（镛）人后来才被叫成越人。这支越人就是庸人的后裔，武夷山区一带存在大量秦汉以来的悬棺崖葬，与庸人的风俗完全相同。商代的许多鼎器、大钟都是庸人的杰作。

庸人因善于筑城建房又被称为“墉人”，史载公元前1059年，周请庸人筑都于洛邑。今竹山县文丰乡皇城村的古庸方城遗址的城墙，历经三千余年风雨仍然屹立，表明了庸人高超的建筑艺术。庸人又是史料中所称的最早饮茶的先民，“茶风源于巴山楚水间”。据《通志·氏族略》记叙：堵河流域的上庸，尧时是其长子丹朱的封地，丹朱在此发明了棋类博弈游戏，与父帝尧战于丹水之浦，“尧时庸人善弈，性狂放狡黠”。庸人还拥有强大的军事技术，“惟庸人善战，秦楚不敌也”。按我们今天的话说，庸人是当时先进生产力的代表，这也使他们能汇集了强大的军事力量，在众多的方国中，尽显雄威。

然而，3000年前如此强大的国邦，在孔子所编的《尚书·牧誓》里，只留下“武王伐纣，庸首会焉”的记载；司马迁所撰《史记·楚世家》里也只以“是岁灭庸”四字轻描淡写一带而过。除此之外，再也难以在史籍中找到有关庸国的只言片语。庸国的历史被蒙上一层神秘的色彩！

当人类由“青铜时代”跨入“黑铁时代”，生产力的发展，让人类彼此之间的争斗更为惨烈，战国时代是中国历史上空前大整合的时代，“屠杀”成为那一时代里最高级别的表现形式。

西周时期，青铜时代，庸国占据着得天独厚的地理位置，铸造出辉煌的古庸文明，成为雄踞一方的泱泱大国，疆域不断扩大，至春秋初期，达到顶峰。据史料记载，古庸国故址位于今竹山县西南部的堵河南北两大支流的交汇口。早在春秋之前，庸国便横跨汉江中西部地区，雄居秦、楚之间，巴、蜀之际。《尚书》记载，公元前1046年，“武王兴兵讨纣，庸率卢、彭等八国以兵相从”，为西周王朝的兴建立下了赫赫战功，从而得到封地，成为“北抵汉水，西跨巫江，南接长江，东越武当，面积达4万平方公里”的汉南大国。

至春秋时代，庸国与楚国抗衡，东威慑楚国的崛起，西牵制秦国的扩张。庸是铸造大国，庸国军队挥舞着钢刀铁矛，所向披靡。公元前611年，庸君以倾国之力，“率群蛮以叛楚”，七战皆捷，势如破竹。可惜的是，这次庸国的对手是春秋五霸之一的楚庄王。楚国联合秦国和巴国，前后夹击，方城一战，强国梦灭，庸君引剑向颈，血光一闪，庸国从此湮灭于历史的风尘中。

《左传》记载：“文公十六年，楚灭庸。”公元前611年，楚国遇上严重灾荒，饿死不少百姓。楚庄王韬光养晦，三年不鸣不飞。庸人乘机联合湖南芷江、沅陵以北的濮人（史称江汉百濮），集结在选（今湖北枝城一带），准备进攻楚国都郢。楚王大恐，决定迁都。有一位大臣认为，“我能往，蛮亦能往”，主张进攻群蛮之首庸国的都城上庸，使其“群蛮无首”，必“将走各邑”。楚王采纳了这一意见，亲率楚军主力，并联合巴国、秦国从腹背攻打庸国。

楚庄王扩张了势力，发兵攻打庸国。由于庸国奋力抵抗，楚军一时难以推进。庸国在一次战斗中还俘虏了楚将杨窗。但由于庸国疏忽，三天后，杨窗竟从庸国逃了回来。杨窗报告了庸国的情况，“庸国人人奋战，如果我们不调集主力大军，恐怕难以取胜”。

楚将师叔建议用佯装败退之计，以骄庸军。于是师叔带兵进攻，开战不久，楚军佯装难以招架，败下阵来，向后撤退。如此一连几次，致使楚军节节败退。庸军七战七捷，不由得骄傲起来，不把楚军放在眼里。军心麻痹，斗志渐渐松懈，戒备渐渐放松了。

这时，楚庄王率领增援部队赶来，师叔说：“我军已七次佯装败退，庸人已十分骄傲，现在正是发动总攻的大好时机。”楚庄王下令兵分两路进攻庸国。在秦、巴两国军队的协助下，楚军兵分两路，总共四路大军，对庸国发起决战。庸国将士正陶醉在胜利之中，怎么也不会想到楚军会突然杀回，仓促中应战，抵挡不住。最后楚军胜利攻入庸国的都城，结束了千年庸国的辉煌历史，成为军事战略史上以弱胜强的有名战例。

楚与秦、巴三国联军大举破庸于方城，庸遂为三国所灭，成就了楚庄王“三年不飞，一飞冲天；三年不鸣，一鸣惊人”的历史神话。梁启超在评价庸国灭亡时说：“楚庄即位三年，联秦、巴之师灭庸，春秋一大事也。巴庸世为楚病，巴服而庸灭，楚无内忧，得以全力争中原。”

灭庸对春秋战局有着重大影响，在陕西强大的秦国与楚国没有了缓冲区，两国直接接壤，冲突不断，十堰成了秦楚争斗的拉锯战地区，许多地方“朝秦暮楚”，有了楚长城，有了古战场，反复争夺。庸国对西周春秋格局的变迁产生了影响。

金戈铁马将古庸人的家园撕成了碎片，古庸国得天独厚的区位优势使之成为唐、宋、元、明、清历代兵家必争之地。庸人南迁，是一个族群向人类理想生存进行的一次战略转移。在鄂西、张家界、湘西更为广大的山林中，庸人与当地族群和谐共处，并将大庸开发成为避秦遗世的武陵仙境。

在庸国败亡后，庸人中有一支远走东南瓯越（福建）山地，成了后来的百越中的越人一支。向南逃亡的庸人，在今湖南省的张家界大溶溪两岸定居。张家界原名大庸，是古庸国所在地。早在原始社会晚期，先民就已开始在澧水两岸繁衍生息。到了尧舜时代，“舜放欢兜于崇山，以变南蛮”，于是中国历史上便有了“南蛮”一说。公元前221年秦始皇设置郡县，张家界一带属黔中郡慈姑县，县治在慈利县官塔坪（今蒋家坪乡太平村）。三国时期设立上庸郡，西魏设上庸县和竹山县，宋朝将上庸县并入竹山县。1369年明朝设置大庸县，清雍正十三年（1735年）设永定县。

1988年底，组建省辖地级市大庸市，1994年，地级大庸市更名为张家界市。如今的张家界市是多民族聚居区，主要为土家族、白族、苗族、回族等19个少数民族，共计111.84万人，其中土家族98万人，土家族是张家界的主体民族。张家界土家族属于古代庸国人的后裔民。

呜呼哀哉！庸国灭亡了，曾经的农业大国、铸造大国、诗歌大国、建筑大国！一个久远的名词，从此湮灭于历史的烟海。

由于庸国在战国之前即已灭亡，史书上可见的文史资料极其有限，难以对古庸国文化进行系统的挖掘与研究，以致人们对古庸国造成了淡化或遗忘。古庸国历史之悠久，地位之显赫，决定了其文化的独特性。古庸国属地分别隶属于现湖北、陕西、重庆、湖南三省一市，属于不同的省、市管辖，但长期以来仍然保留着不少共同的文化特征，如饮食文化、服装文化、殡葬文化、语言文化、娱乐文化、巫文化等。尽管有的文化现象仍一直成为史学界难解之谜。

庸国灭亡后，庸人开始了悲壮地迁徙，去寻找新的家园，在四面强敌、遍地狼烟的虎视下，他们的迁徙路线没有更多的选择，只有沿着武陵山脉过峡江，进入清江、酉水、澧水流域，而这些区域，正是现在土家族的主要分布地。

庸人南迁后，在与当地族群的和谐共存中，成为今天土家族的重要一源，共同创造了大庸文化。古庸国国都所在地的周围，系现今竹溪、竹山，及与其相邻的平利、镇坪北部、旬阳、郧西等地区，其方言、口音也基本相同，应归属于一个方言区。这一方言暂以竹溪方言为代表，这种方言是如何形成的，历经多少朝代？也一直是个谜。一个氏族、一个部落的方言能够稳定下来，并延续不断地同化外来人口的语言，其主要原因，很可能还是受古庸国语言文化的影响。比如，竹溪人将墙基处称为“墙根脚”，郧西、白河也这样称谓。竹溪人原本将父亲称“伯”，三峡地区、奉节、巫溪一带也将父亲叫“伯”。还有“姐姐做鞋妹妹剪样”、“照葫芦画瓢”、“出头的格子（或椽子）先烂”等方言格语，在古庸国所属地均通用。

庸人丧葬文化中最独特的是岩葬，一般称其为“悬棺文化”。长江三峡地区、汉水流域、重庆、四川、湖南、江西、福建等地的悬棺，一直是史学家研究的重要课题，有些谜底长期无人揭开。其实，三峡、小三峡地区的悬棺，应该归属古庸国岩葬文化。清《郧阳府志》就记载竹山南部官渡河（堵河支流）有悬棺。庸国的岩葬风俗甚至延续到清末至民国初年。

古庸国人有岩葬文化的传统，有岩屋的地方直接把棺木放进岩屋内，没岩屋的地方将悬崖凿个洞穴放进去。在竹溪河流域，两岸悬崖上至今仍保留着一些洞穴，当地人称之为“老人洞”。最近在水坪镇洛家河一洞穴中还发现了完整的人骨。这些洞穴即供古人丧葬之用。当地还有着一种传说：古人见人老了便死，而蛇在洞中蜕一层皮就变年轻了，觉得不公平。请求上天变人死蛇蜕壳为蛇死人蜕壳。上天答应了请求。于是人老了睡进洞中蜕一层皮又重返年轻。不料这样下去人满为患，古人只好又请求上天还人死蛇蜕壳。以上的民间传说与竹溪岩葬风俗有紧密联系，老人洞事实上就是老人死后的丧葬之地。

古庸国是我国巫文化发祥地之一。长江三峡的巫山古称灵山。《山海经·大荒西经》称灵山有十巫（灵山、巫咸、巫即、巫盼、巫彭、巫姑、巫真、巫礼、巫抵、巫谢、巫岁），今已被证明均为早期的庸人。庸国所属江汉西部各地，明、清以前均有“民多信巫”的记载。至今这些地区仍然保留着许多巫文化，而且其使用的巫术也基本相同。巫文化的另一方面，就是中草药文化，由于长期宝贵经验的积累，使得鄂、渝、陕边境地区民间中草医颇具地方特色。这与古代庸国巫文化的延续和发展是分不开的。

茶在中国作为饮料已经有数千年的历史。作为庸国都城上庸所在地而言，唐宋之前的确少见茶叶的历史记载，但并不等于这里就不出产茶叶，也不等于庸国不是中国茶文化的发源地之一。从资料看，古庸国属地其他地区都产茶叶，有的早在汉唐时期就享有盛名。在竹溪县文化馆里，收藏有一件出土的青铜器，下面为一个小鼎，上面有一个铜碗，碗口一边制造有缺口。据研究，这件青铜器即古人煮茶所用。清《竹溪县志》记载：在明清年间竹溪居民不仅有饮茶习俗，还在县城东西两地开办茶亭，作为善举供过往行人饮茶。茶叶还是民间作为一种巫术“避邪”所用的“五谷盐茶”之一。

此外，庸国还是我国盐文化的发源地之一。早在夏商时期，庸人就在鱼邑开发了盐泉，用以煮盐，并打开了通往楚、秦（现陕西、湖北、河南）等地的盐道。秦地少盐，楚灭庸后占领了庸人的盐泉，借以控秦。秦国派白起占领了鱼邑之地，夺取了原庸地盐泉。据史书记载，秦楚战争，首先就是从争夺庸人盐资源开始的。

庸人南迁，体现了一个民族的隐逸与沉潜。在鄂西、张家界、湘西广袤的山林中，庸人将大庸开拓成为避秦遗世的武陵仙境，隐逸文化遂成为这一时期大庸文化的特质。历朝历代，这一隐逸文化又吸引了更多的人在此归隐。

早在庸人举族南迁之前，与庸人同宗同族的赤松子就已归隐于大庸。赤松子之后，有鬼谷子修隐于大庸天门山、汉留侯张良归隐于大庸青岩山（今张家界），这三人是中国历史上大有名气的人物，他们的归隐自然是万众瞩目的，与这些中国历史上的文化名人相比，更多的隐者已然湮没在历史的清风里，无形中又成就了真正完美的隐逸。正是一代代无名的隐者，托起了庸文化的遗风逸骨。大庸文化，实质上就是一部民族的隐逸传奇。

于阗古文明之谜

于阗位于今天新疆维吾尔自治区和田、墨玉、洛浦诸县境内。

地处塔里木盆地南部的于阗，是丝绸之路南道的大国，是古代西域王国，唐代安西四镇之一。东通且末、鄯善，西通莎车、疏勒，盛时领地包括今和田、皮山、墨玉、洛浦、策勒、于田、民丰等县市。于阗国的早期居民主要是伊朗的西徐亚人、印度人和汉人。早在公元前2世纪，于阗这个城邦之国就已经出现。当时，王国的都城就设在距和田西9公里的约特干。

公元3世纪前后，于阗称为瞿萨旦那，意译作地乳，印度人则称之为屈丹。于阗自古是印度、波斯、中国之间必经的贸易途径，也是东西文化往来的要道。

据《大唐西域记》卷十二记载，于阗国王自称是毗沙门天（四天王之一）的后代。按最早的文献看，最先在和田绿洲住下来的是古印度人。据《大唐西域记》说，远古时于阗绿洲还是一片静谧的盆地，北印度无忧王在位期间，因某事迁怒于太子属下，把他们悉数流放到昆仑山北麓洪积扇平原，流放的人们来到这片葱郁的绿洲后，便定居下来。这时，从中原也来了一些人，两支移民队伍相遇，进行了一场决斗，最终后来者居上，成为统治者，这大约是印度文明与中国文明的初始交汇。后来，于阗定名——瞿萨旦那（地乳），一个半耕半牧的城郭国家就此形成了。在此期间的历史里，印度文化占据着主导地位。“毗沙大神”作为古印度诸神中的一位神祇成为国家的尊崇神。

于阗是有名的歌舞之乡，其最著名的是于阗乐舞。《大唐西域记》中说：“瞿萨旦那国尚音乐，人好歌舞。”早在汉代，《于阗乐》就在汉朝宫廷演奏，它优美欢快的旋律常常吸引汉高帝到未央宫聆听。南北朝时，于阗

△ 于阗古城

乐舞风靡中原，唐朝国乐《十部乐》中，就收入了《于阗乐》。今天，和田仍是新疆的歌舞之乡。

在和田地区博物馆历史展厅，陈列着许多风格奇特、小巧玲珑的陶塑作品，引起了许多文物专家的关注，这些出土于和田地区约特干遗址的珍贵文物，既不同于中原地区的艺术风格，又不同于西方的雕塑艺术，表现出较强的地域特色。它们大部分是于阗古国为汉至唐代的陶塑艺术作品。从种类上看，有栩栩如生的人物、小巧精致的动物，特别是那些举止滑稽的猴子们，数量最多。这里陈列的一组伎乐陶猴高仅1.5～2.6厘米，猴子们均呈跪状，吹排箫的、击鼓的、弹琵琶的，无不妙趣横生，令人忍俊不禁，当然，人物弹奏乐器的也比较多见。从这些残存的陶塑作品中我们不难看出，古代于阗人对音乐的爱好达到了十分痴迷的程度。

传说中国最早的音律就得自西域于阗，黄帝授意乐官伶伦制定音律时，伶伦力尽坎坷，饱尝艰辛，行程两万余里，来到昆仑。在巡守昆仑山的山神陆吾的帮助下，在“山解溪之谷”找到了适合做乐器的竹子。他仔细挑选了12根修竹，做成12支竹笛。经他试吹之后，音调很不协调，正在这时一对凤鸟飞来，它们美妙动听的鸣叫声启迪了他。他模仿凤鸣之声反复吹奏，直到声音和谐悦耳。伶伦就这样制成了12根律管，使人们有了创作和演奏音乐的规范和依据。后人为了纪念他的功绩，称之为“伶伦作乐”。这个动人的传说已载于《吕氏春秋》、《太平御览》等古籍中。伶伦到昆仑创造音乐的时间比张骞“凿空两域”要早三千年。虽是传说，但从先秦到唐宋的诸多学者和乐人对此都深信不疑。

于阗是西域各国中受佛教影响最大的地区之一，佛教音乐的传入给本来就崇尚歌舞的于阗国带来了清新的气息。高僧法显在于阗时，就见到“其国丰乐，人民殷盛，尽皆奉法，以法乐相娱”的场景。汉代，随着西域文化的东传，以龟兹乐、于阗乐为代表的西域音乐也西风东渐传入宫廷。当时汉宫就收入了《于阗乐》作为宫廷乐曲，据载，汉高帝常在未央宫“以管弦歌舞相欢娱”；张骞出使西域回到长安时，又带回了经于阗、龟兹乐改编而成的佛曲《摩诃兜勒》；唐代，更是西域音乐的鼎盛时期，宫廷音乐十之七八都是胡音。

戚夫人是汉高帝刘邦的宠妃，善跳“翘袖折腰舞”，也很爱于阗乐舞，会弹瑟唱歌，吹笛击奏。西域于阗乐此时已成为宫中节日里不可或缺的曲目，在民间流行很广。刘邦常与戚夫人在宫中歌舞作乐：戚夫人击筑，刘邦则随乐高唱自己创作的《大风歌》相和。有时戚夫人还跳起了于阗舞蹈。

有一年七月七日，戚夫人与贴身侍儿佩兰一起来到城外灵女庙，祭神乞愿。只见在庙后百子池边，人山人海，大奏西域于阗乐，这是一种与中原当时流行的“楚声”风格完全不同的音乐，其节奏明快活泼，具有民族民间的风格。

戚夫人看到前来祭神的人们手臂相连，一面唱歌，一面脚踏着拍子舞蹈，并用五彩线把欢聚的人们牵攀起来，以象征相亲相爱。戚夫人也为之感染，同侍儿一起参加了群众歌舞活动，跳起了于阗舞。她出色的表演使人们感到震惊，可是大家都不知道她就是当时最著名的舞蹈家和皇帝的宠妃。这个故事记载在《西京杂记》里，说明还在张骞出使西域之前，于阗乐舞就传入中原。这是最早记载于史册的西域乐舞。

于阗自古以来就以“稼樯殷盛、花果繁茂”著称，玉石、丝绸、地毯被称为和田的三宝。其中最让人心动的就是闻名遐迩的“和阗玉”。发源于昆仑山的玉龙喀什河和卡拉喀什河流经这块绿洲，河中盛产美玉，其中品质上乘者呈白色，润如羊脂，故名羊脂玉。和阗白玉曾经是天子制作玉玺的材料，它在商代以前就曾传入了中原，古老的玉石之路据说比后来的丝绸之路还早了一千多年。

玉文化也是中华几千年文化中的特色之一。古代中国是一个崇玉尚玉之国，人们很早就赋予了玉器以神秘、道德等含义，使其富有特殊的使命。东汉许慎的《说文解字》给玉定义具有“仁，义，智，勇，洁”五种特征。由于玉的神秘和儒家赋予它的种种道德观念，春秋战国时期，玉器在贵族阶层中已成为一种不可缺少的珍贵物品。《礼记·玉藻》称：“古之君子必佩玉……君子与玉比德焉。”玉已成为君子的化身和代表。更为离奇的是，玉还有着种种的神秘色彩，佩玉以辟邪，食玉以长生，穿玉衣以求不朽，所以《礼记》中才会有“君子无故玉不去身”的说法。

于阗是藏语，意为“产玉的地方”。和阗玉，古称“昆山之玉”，它的出产地是号称“群玉之山”的昆仑山。《史记》中就记载有和阗玉产自昆仑的说法：“河源出于阗，其山多采玉。”《千字文》中也有“金生丽水，玉石昆仑”之说。于阗玉就夹生在海拔3500米至5000米高的昆仑山山岩中，经过长期风化剥解为大小不等的碎块，崩落在山坡上。每年5～8月，昆仑山上的雪水融化以及下雨产生流水，就会将这些碎料冲刷入河水之中。经过河水的冲刷以及河底砂石的磨砺，这些玉石就会被打磨成上等的于阗玉。

中国的美玉，唯昆仑山之玉以“昆山之玉”为名。宋应星《天工开物》描写了古代和田人如何采玉：“凡玉映月精光而生，故国人沿河取玉者，多于秋间明月夜，望河视玉璞堆聚处，其月色倍明亮……其地有名望野着，河水多聚玉，其俗以女人赤身没水而取着，云阴气相召，则玉留不逝，易于捞取。”

昆山玉是一种亘古不变的艺术品。纯正的玉有两种：一是软玉，一是硬玉（俗称翡翠）。后者产于泰缅，中国不产。中国古书的玉，指软玉。《游宦纪闻》说于阗国出产的玉可分作五色，“白如脂肪，黄如蒸粟，黑如点漆，红如鸡冠或胭脂，惟青碧一色高下最多”。

和阗玉至今已有7000多年的开发史。早在新石器时代之前，昆仑山下的原始人就发现了和阗玉，制成生产用具及装饰物品。自殷商时代起，和阗玉大举东进，成为宫廷权贵用玉主体，统治者视其为宝物，商代已形成规模开采。在殷墟的“妇好”墓中，曾出土的700多件玉饰随葬品中，绝大多数都出自于阗。

到了隋唐时期，于阗仍然以玉产地著称于世。后晋天福五年（940年）高居海出使于阗，描述了于阗采玉的情景。据记载，于阗境内有一条玉河，流至牛头山后，疏为白玉、绿玉、乌玉三河，“其源虽一，而其玉随地而变，故其色不同。每岁五六月，大水暴涨，则玉随流而至。玉之多寡，由水之大小，七八月水退乃可取，彼人谓之捞玉。其国之法，官未采玉，禁人辄至河滨者。故其国中器用服饰，往往用玉。今中国所有，多自彼来耳”。这段文字比较全面地记载了于阗玉石的分布、采集季节、采集方式等，作为政府的重要产业，玉石采集是由官方垄断的，只有官方组织采集之后，才允许个人采集。

据《新唐书·西域传》，德宗即位，遣给事朱如玉之安西，求玉于于阗。得圭一、珂佩五、枕一、带胯三百、簪四十、奁三十、钏十、杵三、瑟瑟百斤，还有其他的珠宝。直到宋代，朝廷使用的礼器及舆轿、服饰，仍然“多是于阗玉”。

说到于阗玉，就不能不提到“盗宝特使”——斯坦因。1900年10月13日，斯坦因到达和田，制定了考察于阗古国的详细行动计划。他对《大唐西域记》中记载的于阗古国非常感兴趣，再次阅读了《大唐西域记》中关于于阗国的记述，还对照阅读了法国汉学家雷慕沙所写的《和阗城史》。这两本书里在记述于阗国都时都提到了玉石的出产。

据斯坦因判断，于阗古国王都既然和玉石产地有关，那就应该到盛产白玉的河岸冲积平原上去寻找它。在对约特干村附近的昆仑山区进行测量的过程中，斯坦因发现了玉龙喀什河和喀拉喀什河在山口造成的巨大冲积扇。他忽然产生了一个设想：是不是一千多年来因洪水不断的发作，于阗古国被冲刷下来的沙石掩埋了，盛极一时的古国都才一直不被人发现?

斯坦因1900年至1930年先后四次来到和田，盗走了数百箱于阗古国的珍贵文物，其中就包括价值连城的和田玉块。

满怀成功的喜悦，带着掠夺的文物，斯坦因离开和阗后，他已经成为第一个揭开古于阗国神秘面纱的探险家。他掠夺到的和田玉器，后来在国际学术界造成了巨大的轰动，但是他私挖滥采、不惜破坏遗址的行为，说明了他实际上是一个贪婪的盗贼！他盗走了古于阗的羊脂美玉，让它们至今远离故土，在异域飘零。

在古代西域36国中，于阗是个有名的信奉佛教的国家。与龟兹国一样，于阗是丝绸之路佛教东渐的要道；但与龟兹国小乘佛教占统治地位不同的是，于阗国是大乘佛教的弘法中心。

关于佛教何时传入于阗，《于阗国授记》中说道：“于阗王瞿萨旦那（地乳）19岁时建国，即位为第一代王时，佛涅槃已234年。建于阗国后165年，国王尉迟胜即位，治世五年，佛法兴起。”因此可以推定，大约在公元前76年佛教已传入于阗。

据《于阗授国记》记载：70年左右，来自克什米尔的高僧毗罗折那来到于阗弘法。于阗王尉迟胜继位后，还下旨立佛教为国教。当时，每年农历四月初一，于阗国就要举行行像仪式，也就是带有礼佛意味的狂欢大游行。那一天，于阗国都中的街道洒扫一新，城门高悬帏幕，张灯结彩。国王偕王后参加巡礼，举国出动，万人空巷。最受王室尊崇的瞿摩大师赶着高三丈左右的像车走在游行队伍最前列。像车庄严神圣如同行宫，以僧幡盖顶，悬挂七宝，佛像立其中，一派金碧辉煌。像车距城门百步时，于阗国王要摘下王冠，穿着崭新的衣服，赤着双足，手持华香走出城门迎接佛像，焚香散花礼佛；佛像入城时，王后与宫女要在城楼抛撒花朵，一片五彩缤纷。14座伽兰各行像一天。行像完毕后国王与王后才起驾回宫。在1500年前的于阗佛国，佛教徒们欢庆自己的节日其气势之宏伟，场面之壮观，持续时间之长，都是非常罕见的。因此，说于阗是当时佛教的圣地之一并不为过。

于阗原本盛行小乘，然而到五世纪初，盛行大乘佛教，凡传入中国的经典，十之八九都要经过这里。根据《洛阳伽蓝记》记载，北魏使者宋云曾在于阗听到这样的传说：于阗国王原本不信仰佛教，后来，有个商人带领一位比丘昆庐旃前来，对国王说：“今天有一位异国沙门来到城南杏树下，愿王能信受供养。”国王因此受到比丘的感召而信仰佛教，并且建塔供养他。唐玄奘的《大唐西域记》也有类似的记载，并提到那位比丘名为昆庐遮那阿罗汉，来自迦湿弥罗。

古于阗国是西域最早的佛教中心，号称“佛国于阗”，晋法显、唐玄奘都曾在于阗留下足迹。

曹魏时，中国第一个汉族西行取经的僧人朱士行来到于阗，访求梵本大品《般若经》。魏晋至隋唐，于阗一直是中原佛教的源泉之一，如华严部经典，就大多是从于阗取得梵本，于阗僧人提云般若、实叉难陀等，都为汉译华严经典作出过贡献。近代以来在和田、敦煌发现了许多于阗文、梵文佛典，如长达六百多行的《佛本生赞》，都是具有相当规模的佛教文献。

4世纪末，法显曾到过于阗。他在行记中说于阗国是“其国丰乐，人民殷盛，尽皆奉法，以法乐相娱。众僧乃数万人，多大乘学，皆有众食。彼国人民星居，家家门前皆起小塔。最小者可高二丈许，作四方僧房，供给客僧及余所须。国主安堵法显等于僧伽蓝。僧伽蓝名瞿摩帝，是大乘寺。三千僧共犍捶食。入食堂时，威仪齐肃，次第而坐，一切寂然，器钵无声，净人益食，不得相唤，但以手指麾”。玄奘取经途中，也路过于阗，受到热情接待。当时，于阗国已大半是沙碛，但气候和畅，人民的性情也温恭有礼而崇尚佛法。他在《大唐西域记》中记载：“俗知礼义，人性温恭，好学典艺，博达技能，”玄奘来到于阗大约是在七世纪，当时于阗已经有上百所寺院，有近5000名僧侣，其中也有外国来此挂单修行的僧人。

由此可见，隋唐时期的于阗地区确实是西域的一个比较强大、文明程度较高，具有一定代表性的地方政权。直至西域伊斯兰化之前，这片绿洲都是丝绸之路南线上最重要的佛教文化中心。与塔里木盆地北部流行的洞窟寺不同是，于阗的寺院主要是平地垒砌。寺院中心设窣堵波，四周有院墙环绕，在院墙与窣堵波之间形成右旋礼拜的回廊，在回廊内装饰壁画和塑像。在于阗佛教艺术中也明显地表现出了印度和波斯文化的影响。

于阗的佛寺遗址，以拉瓦克寺址较为重要。该寺迹乃1900年由斯坦因所发掘，为一座方形建筑物，中央构筑基座，基座上建圆塔，塔周绕有圆形步廊式礼拜道，礼拜道周壁塑有八十余躯立佛像，像间又穿插有佛、菩萨、天王像及乘鹅车的月天像。其建造年代，大致被推定为五世纪。巨大的塔式建筑物和高大的立佛塑像，显示该寺中存在着佛塔崇拜与造像崇拜并行的现象。

11世纪初（宋代），信奉回教的维吾尔族征服于阗，于阗佛教随之衰颓。又加上天灾人祸的影响，昔日庄严盛大的寺院佛塔等，皆埋入沙土之中。

西汉时代，尉迟氏建立于阗国，为西域南道国势最强的国家之一，因位居丝路贸易的重要据点而繁荣一时。佛教进入后，于阗的信仰也随之发生了改变，从这时起，这个崇尚佛教的小国在丝绸之路上存在了整整1300年！一个了不起而无法想象的奇迹！

西汉末，中原发生战乱，于阗国乘机向外扩张，称雄丝路南道，全国已经有32000户，83000人口，30000精兵。其国土东起罗布泊，南邻吐蕃，西南至葱岭，西北到疏勒。

晋代，于阗国王被册封为“晋守传中大都附奉晋大侯亲晋于阗王”。445年，吐谷浑慕利延败退到于阗，曾杀死于阗王，占据了于阗国。648年，吐谷浑被唐太宗打败，于阗复国，正式隶属唐朝。674年，唐在其地设毗沙都督府，封于阗王尉迟伏阁雄为都督。

后来，于阗王尉迟屈密即位，将王子送到长安做质子，被授予相当于都督的毗沙将军衔位，于阗与唐朝正式确立君臣关系。938年，统治中原的后晋曾派张匡邺等人到于阗，册封于阗王李圣天“大宝于阗国王”。755年，吐藩杀入西域，于阗国又被攻陷，直到吐蕃势力的衰退，于阗才重新建国，在五代十国时期国势重新强盛。

宋朝建立、中原统一后，于阗与宋王朝的交往更为密切，多次进贡玉石。于阗不仅与宋王朝来往不绝，还有着密切的隶属关系，而且还与宋在西北地区的归义军节度使曹氏家族结为姻亲。当时曹议金的长女嫁给甘州回鹘首领，次女嫁给李圣天为皇后。在敦煌莫高窟中头戴冕旒、身着法服的李圣天的巨幅画像后，即是于阗国皇后曹氏的画像。这位皇后贤惠能干，在于阗王室中有很高的地位。遗憾的是，没过多久，于阗国与喀喇汗王朝发生战争，不久战败，于阗国就此消亡。

公元9世纪末到13世纪初，新疆塔里木盆地西部及帕米尔高原以西以北地区，出现了一个以喀什噶尔为都城，由葱岭西回鹘联合其他民族建立起来的突厥地方政权，这就是今天人们所说的喀喇汗王朝，又叫黑汗王朝。当时，喀喇汗人大多信奉佛教。893年，喀喇汗王朝遭到了以“圣战”名义入侵的萨曼王朝的沉重打击，决定主动改信伊斯兰教，以使萨曼王朝没有继续侵略的借口。

于阗当时执政的是李圣天（和田绿洲建国以来最有个人魅力的回鹘君主）家族，世代笃信佛教，对喀喇汗王朝强迫佛教徒改信伊斯兰教的做法非常不满，当喀什噶尔的佛教徒发动反抗强制改宗的暴动时，于阗对于受迫害和暴动失败的佛教徒给予了收留和庇护。这让喀喇汗王朝有了发动“圣战”的借口。大约在公元962年，喀喇汗王朝发动了旨在征服于阗的“圣战”。

在这场战争中，于阗得到了高昌和吐蕃的全力支持与援助，占据了明显优势。经过历时八年的战争，于阗军队占领了喀喇汗王朝国都喀什噶尔。阿尔斯兰汗战败后逃往中亚，但好景不长，喀什噶尔很快又被喀喇汗王朝夺回。于阗与喀喇汗王朝再次陷入旷日持久的拉锯战状态。

战争中，喀喇汗王朝的博格拉汗因为在于阗不能打开局面，便开始向西扩张，率领军队翻越葱岭攻打中亚的萨曼尼王朝。趁喀喇汗军西征的时机，于阗军队从背后发动了进攻。博格拉汗不得不挥师东返，仓促应战。不久，博格拉汗在战争中战死。于阗军队乘机一鼓作气，出人意料地再度攻占了喀什噶尔。博格拉汗的侄子玉素甫·喀迪尔汗得到消息后，立即在撒马尔罕宣布即位。他招募了来自巴格达、波斯、印度及中亚的雇佣军，号称14万之众，很快收复了喀什噶尔，并继续向于阗展开猛攻。

于阗军队多处设防，进行了顽强抵抗，但都被雇佣军相继击破。最终，雇佣军兵临于阗城下。无奈之下，于阗王决定投降，全国改信伊斯兰教。于阗将军乔克和努克拒绝改变信仰，率领一部分同样信仰坚定的军民向昆仑山退去。喀拉汗王朝的雇佣军不战而胜，顺利占领了于阗。

撤退后的乔克和努克在昆仑山中与追击而来的喀喇汗雇佣军进行了殊死搏斗。雇佣军来自远方，不熟悉昆仑山中的地形，常常不知方向，屡屡受到乔克和努克的袭击，伤亡惨重，士气空前低落。这一惨败，直接导致喀喇汗王朝在于阗的胜利化为泡影，不得不立即撤军。

几年后，喀喇汗王朝从失败的阴影中走出来，再度恢复了实力，向于阗国发起新一轮的进攻。喀喇汗王朝在对于阗的战争取得了胜利，又占领了于阗全境。这一次于阗的战败，给于阗佛教带来了毁灭性的打击。于阗的佛教寺院被焚烧，佛像雕塑泥胎被毁坏，经卷文书散失殆尽，佛教僧侣大多被杀死，少数逃到西藏和青海。于阗国从此被喀喇汗王朝兼并，不复存在了。

这个由尉迟氏建立的佛国，历经汉、魏、晋、南北朝、隋、唐、五代，到北宋仍有极强的辐射力，与中原王朝联系不断，朝贡不绝。其王朝经历了13个世纪，是中国历史上最长命的下属王朝，国祚之长与生命力之惊人在整个世界史上也极为罕见。

如今一切都过去了，只留下沧海，留下桑田，留下废墟，留下感叹。李圣天和他的佛教离开了这一方水土，隆盛一千多年的于阗佛教，终于香火断绝，钟鼓噤声。作为多元文化交流之地的和田绿洲消失在历史的视野中。

苏美尔文明之谜

在亚洲西部，有两条著名的河流从亚美尼亚高原雪山出发，平行地向东南方向流淌，注入了静静的波斯湾：南面的一条叫幼发拉底河，北面的一条叫底格里斯河。它们之间是一大片肥沃的土地，是干燥少雨、莽莽黄沙的西亚大地上的一块闪光的绿洲。

它大体相当于今天伊拉克的版图，古希腊人把它叫做“美索不达米亚”，意思是“两条河流之间的地方”，《圣经·旧约》夸它是人间乐园，我们现在通常把它叫做“两河流域”。这是一块非常富饶却又无险可守的地方，因而也是一座有声有色的历史大舞台。来自北方群山的山民和来自南方沙漠的牧民都声称自己是这块土地的当然主人，战火不断，灾祸绵延，只有最强有力的民族才有能力在这块土地上生存下去。

它是英雄和冒险家的乐园。

最先进入两河流域的是苏美尔人，随后，阿卡德人、巴比伦人、亚述人轮流走上历史舞台。征战和屠杀的血污并没有淹没这块土地，相反，两河流域成了古代世界各民族的大熔炉，它们互相交流，互相融会，创造出了足以同古埃及文化相媲美的辉煌灿烂的古代文化。

早在哥伦布发现美洲时期，就有一个名叫巴贝罗的威尼斯人在波斯色拉司一带，发现了一些嵌入山岩的古庙，庙宇已经倾颓，拜神者早已不见，然而一种像是用利钉刻画出来的奇怪文字，却连篇累牍地浮现在崖壁之上。

他把这个发现告诉了欧洲。然而欧洲太忙，无心理会这个无关宏旨的远古奇谈。

17世纪，意大利的青年贵族皮特罗·得拉·发里再次拜访色拉司，他把这些古怪的文字临摹下来，带到了欧洲。但欧洲忙于宗教战争，与这些两河流域的文化遗产再次失之交臂。

原来，两河流域没有丰富的石头、木材和矿产，主要的财富就是黏土。人们把黏土压成片状的泥版，当做书写的“纸张”，再把削成三角尖头的芦苇秆、木棒当“笔”，就可以在泥板上写字。由于落笔时印痕较为深广，抽笔时留下的印痕较为细狭，所以，每一笔画都像一支上宽下尖的木楔，人们就把它叫做“楔形文字”，也叫“钉头字”。

在两河流域，刻有楔形文字的泥版、石刻比比皆是，然而能解读这些楔形文字的人却一个也没有。

18世纪末期，一个叫做尼布尔的丹麦旅行者，再次把色拉司石刻临摹下来，并且在欧洲出版。这引起了德国哥廷根的一所中学里教希腊语和拉丁语的青年教师格罗特劳德的浓厚兴趣，他凭借着异常敏锐的观察力，始终如一的耐性，以及对古代历史的深刻了解，费了30年时间，终于译解出了波斯王大流士名字的头四个字母。

1835年，波斯王请英国政府派些军官帮他训练军队，一个叫做罗林生的人，曾经在东印度公司当过学徒，也滥竽充数地被派往德黑兰。他是一个有心计的年轻人，当他遍游波斯的时候，偶然发现了著名的贝希斯敦石岩。

“贝希斯敦”是一个村庄的名字，意思是“群神居住的地方”，坐落在古代波斯通往两河流域的要道上。这里山高崖峭，石壁平整，波斯国王大流士一世正好选定了这个地方，雕刻了一座“永垂不朽”的纪功碑。

石碑用了三种文字——古波斯文、古埃及文和古巴比伦文，记述了他在公元前522年平定一次叛乱的赫赫战功。为了使那些不识字的人也能看懂，碑文上方还加了一块精美的雕刻：图画上，被夸张得身材非常高大的大流士昂首挺胸，他的脚踏在王位篡夺者高玛塔的胸脯上。高玛塔的同谋者们也被捆绑在他的面前，等待着即将到来的惩罚。

这幅画和三种纪功铭文高出路面几百英尺，罗林生冒着生命危险，花了几年时间，才把这些铭文摹写下来。

后来，他译出了其中的古波斯文。此后的学者们在这个基础上，对照贝希斯敦石刻，又先后读通了古巴比伦、埃兰及亚述的楔形文字，最后，美索不达米亚最古老的由苏美尔人创造的楔形文字也被读通了。

△ 苏美尔人雕像

从此，这些泥板上的文字不再是神秘莫测的钉头，而是一部活生生的历史。这些珍贵的历史资料与近代的考古发掘互相印证，为我们展示出了古代苏美尔和两河流域灿烂的历史和文化。

巴比伦泥版文书中，还记载着令人吃惊的天文观测资料，在这一点上，远远超过了埃及。早在公元前3000年左右，苏美尔人就有了自己的历法。到巴比伦王国时期，人们根据月亮盈亏规律制定了太阴历，一年12个月，月大30天，月小29天，然后用设置闰月的办法来补足太阳年。他们根据月相变化，把一个月分为四周，每周7天，并且想象由7位行星星神各主管一天。这就是现在还在使用的星期制度的来历。

巴比伦人很早就注意到了金星运动的周期性，对太阳、月亮，及火、水、木、金、土五大行星的运行轨道观测得相当准确。他们把肉眼能够看到的星辰绘成星象图，并且按方位划分为黄道十二星座，如天蝎座、巨蟹座、狮子座、宝瓶座、金牛座等，这些星座的名称，至今仍被当代的天文学家使用。

巴比伦人测定的太阴月的时间是29日12时44分3秒，这与现代天文学家测定的数字只差1/3秒。他们还知道月球每过18年零11天，又回到它原来相对于太阳的位置；根据这个周期，他们能预测日食和月食。

他们为什么对遥远的天空如此痴迷？在没有任何观测仪器的远古，他们是怎样获得这些精确的天文资料的？

古代两河流域的数学也萌芽最早。在苏美尔人居住过的库云吉克山上，人们发现了一道数学题，它的计算结果是“195955200100100”，这是一个有15位数的天文数字，将近200万亿。同是文明古国的埃及，只有在向神祈祷时，才慷慨地提出一个并不需要兑现的7位数；而西方文化的祖先——希腊人，即使在文明鼎盛时期，也从来没有超过5位数。

苏美尔人还正确地使用了10进位和60进位的计算法；至今，我们计算圆周和时间，仍然以60为单位，就是苏美尔人给我们遗留下来的文化遗产。

巴比伦的数学家还掌握了算术四则和分数的演算方法，并且奠定了代数学的基础。巴比伦石碑和泥版文书中，有乘法表、平方表和立方表。他们能熟练地计算不规则面积、体积和锥形地窖的藏量。他们求得的圆周率是3.125，并且把圆周角分为360度，1度分为60分，1分又分为60秒。这些成果，也一直沿用至今。

令人深感奇怪的是，生产力非常低下的苏美尔人和他们的后继者，要这样庞大的数字于什么，要这样精确的数字干什么，这样精密的数系又是怎样设想出来的?

1901年，法国考古学家莫尔根在古埃兰都城苏萨发掘出一个已碎为三段的黑色玄武岩石柱，整个石柱高2.25米，周长1.9米。上面刻着著名的《汉谟拉比法典》，它是迄今所知的人类历史上第一部最完备、最详尽的法典，法典正文282条，内容包括刑法、诉讼法、民法、经济法。汉谟拉比（公元前1792——前1750年）是古巴比伦第六代国王，他的法典对古代亚洲和地中海沿岸地区产生了深远的影响。

宾夕法尼亚大学语言学者萨·格雷玛感叹地说：“今日我们享用的各种文化分野——数学、哲学、文化、建筑、法律、政治、宗教……其起源的某些部分都归属于苏美尔人。”

苏美尔文化不只是两河流域文明的源头，而且也是世界文明的源头。但是，我们对于创造了如此辉煌文化的苏美尔人的来龙去脉，却是知之甚微。

从人种学来看，苏美尔人个子矮小，身体健壮，圆颅直鼻，不留胡须，这与后来移居苏美尔地区的长脸、钩鼻、多须发的闪米特族人完全两样。此外，他们的语言、宗教信仰、生活习惯也与他们的邻居和后继者迥然不同。

他们大约在公元前4000年突然进入苏美尔地区。随着他们的光临，与后世文明相衔接的苏美尔文明几乎是在“一夜之间”诞生。而在此之前，他们生活在哪里，怎样生活？人们却是一无所知。

有人说，他们来自东方的山地。

因为他们始终保持着一种对高山的特殊的崇敬。他们常常在高山上寻找他们的神，每一座城市都建造了一种被称作“齐古拉特”的梯形塔，看起来就像一座小山。即使是平原，他们也要在平原上垒起土丘，然后在上面兴建神庙、堡垒或者大厦。

他们或许来自印度。在苏美尔人遗址上发现了大量的圆柱形印章，这与印度河流域发现的大量印章十分相似。这种文化形态在其他民族中却是非常罕见。

也有人认为，他们来自两河流域北部的草原和丘陵。

因为，“原始的苏美尔人”创造了欧贝德文化，而欧贝德文化的陶器，与两河流域北部草原地带所发现的古代遗物，显然是同出一源。

还有人认为，他们可能来自南方的海上。

苏美尔人传说，他们的祖先居住在第尔蒙岛上。波斯湾里生活着一种名叫“欧亚奈斯”的智慧生物。体形虽像鱼，但鱼头下却有别的头，并有与人类手脚一样的东西，声音也像是人类。白天，他从海中走出，把文学、科学、艺术、建筑、法律、几何学原理、植物的区分、采集果实的方法等教给人类，每当太阳一西沉，它就立即跃入海中潜藏起来。人们最早的知识都是鱼神传授的。

据此，人们推测，他们的祖先可能生活在波斯湾一带的南方水域。

这些说法，都没有充足的考古材料支持。

我们唯一能肯定的是，他们绝不是两河流域的土著居民。公元前4000年之前，两河流域没有苏美尔人的踪迹，两河流域文化也与世界其他地区文化毫无二致；而在更早一些时候，由于波斯湾深入内地，苏美尔地区的大部分还只是一片沼泽。

探寻亚特兰提斯的未解之谜

在西方世界的种种疑谜中，最能拨弄人们玄思遐想的莫过于亚特兰提斯大西洲了。这块在遥远的过去突然失踪了的陆地，随同它光辉灿烂的文明，究竟到哪里去了？千百年来，人们一直怀着浓厚的兴趣，孜孜以求，寻找着它的踪迹。科学家为此写下的论文和专著成千上万，内容涉及历史学、考古学、人种学、地理学、地质学、气候学、生物学等各个领域，俨然自成一门新科学——“亚特兰提斯学”。时至今日，关于亚特兰提斯的下落仍是众说纷纭，莫衷一是。

公元前350年，柏拉图在他著名的言论集中写道：远古时代，海峡彼岸有岛，人称其为“大力神天柱”。岛的面积比小亚细亚和利比亚之和还大岛名亚特兰提斯，岛上有一个伟大而美好的王国。

此外，柏拉图在另一本书中，对亚特兰提斯岛及其风土人情作了进一步的描绘，这是一座热带岛屿，方圆154000平方英里，人口估计有两千万。岛的北部，崇山峻岭绵延不断，形成一座天然屏障。

大约在公元前12000——公元前9000年期间，亚特兰提斯人是当时那个半球文明世界的主宰，统治着东起埃及、西至意大利的地中海帝国。后来，亚特兰提斯岛遇到飞来横祸，经过整个一个可怕的白天和黑夜翻天覆地的变化，终于被大海吞没了。

如果真像柏拉图所描绘的那样，大海吞没了亚特兰提斯岛，难道就没有一点一滴可供稽考的遗迹吗？尽管目前对这个问题还不能作出肯定的回答，但某些令人费解的自然之谜，却是值得深思的。

首先是欧洲鳗鱼的奇怪回游习惯；其次，远隔重洋的埃及金字塔和中南美洲的金字塔在结构上，何其相似！更令人寻味的是，西班牙的巴斯克人和南美洲的玛雅印第安人之间又为什么也有如此惊人的相似之处？更引人注目的是，自从有了海洋学，人们才对海底有了一个较全面的认识。发现整个大西洋海底被一条9000英尺高的海底山脊分割成两部分。这条海脊的北部从冰岛开始，蜿蜒南下，它的南部直抵南极大陆架。但在亚速尔群岛附近，它变得宽阔广大，巍然隆起，由东至西的宽度几乎达250英里，南北长达678英里。在这一段海底山脊的北部，有不少海底火山，其中有些火山的山峰戳破海面，突兀而出形成了现在的亚速尔群岛。海面之下的这块亚速尔高原，无论其大小还是形状，都与柏拉图笔下的亚特兰提斯岛极其相似。而且，从海底800米深处取出的岩芯表明，在12000年前，亚速尔海底高原是一个陆地。

因此，史学家墨克大胆地设想：柏拉图所说的亚特兰提斯岛，可能就是现在的亚速尔群岛下面的海底亚速尔高原；他所说的海峡，那就是现在的直布罗陀海峡。根据这个设想，墨克对上述自然之谜进行了较为圆满的解答。欧洲鳗鱼奇怪的回游习惯，是因为当时亚特兰提斯岛离马尾藻海最近，岛上的淡水河流为这些鳗鱼提供了免遭海兽袭击的天然安全地带。于是，它们就纷纷游到这里来避难，久而久之，养成一种天性。尽管亚特兰提斯岛早已沉没，但这些鳗鱼却在天性的驱使下，一如既往，顺着墨西哥湾流，千里迢迢去寻找避难的天国，竟然不知道游到了遥远的欧洲。埃及金字塔和南美金字塔以及巴斯克人与玛雅印第安人的惊人相似，那是因为地处欧美之间的亚特兰提斯岛在当时起着交流两大洲文化的枢纽作用。

然而，对于亚特兰提斯岛的地理位置，在学术界仍有争议，有的说它在瑞典，有的说它在地中海的克里特岛，有的说它在南非，有的说它在拉丁美洲的巴哈巴群岛，还有的把它说成在亚洲的斯里兰卡，而且各种观点又各有其依据，因此，亚特兰提斯究竟在哪儿，人们仍在探索着。

根据柏拉图的记载，亚特兰提斯岛是在一昼夜之间，经历了翻天覆地的变化后，最终被大海吞没。那么，是什么原因使这么大的海岛在24小时内沉没的呢?

1930年，在对北美大西洋沿岸进行的一次航空测量中，发现在南卡罗来纳州查理斯顿市附近海岸，酷似一个弹痕累累的战场，地面上斑斑点点，布满了大约3000个圆形和椭圆形的洞口，它们很像是来自西北方上空的许多巨砾袭击的结果。另外，从海底地形上发现，在波多黎各岛附近有两个深达30000英尺，方圆277000平方英里的凹陷地带，地理上称它为波多黎各地沟。究竟是什么原因造成如此巨大的海底地沟和那数以千计的凹陷痕迹呢？

墨克大胆地把这些凹陷、地沟与柏拉图的记载联系了起来。他认为大约11000年以前，阿多尼斯星组是一组沿着极不正圆的轨道，危险地绕着太阳运转的星团。这个星团中有一颗小行星A突然脱离星团，它像一枚巨型火箭，以雷霆万钧之势，从西北方向扑向地球。根据波多黎各地沟的大小，估计这颗魔鬼般的小行星A，直径大约有6英里。

就是这个小行星A给地球带来了无数灾难：地震、全球气候变化、洪水以及亚特兰提斯的沉没等灾难。

人类大约经过3000年的时间，才从小行星A所造成的这场浩劫中恢复过来。到公元前4000年左右，当人类重建文明的时候，对柏拉图粗陋记载里的亚特兰提斯岛，变成了不过是一个虚无缥缈的名字，它所创造的科学、艺术和语言的痕迹，早已荡涤殆尽。于是，亚特兰提斯岛就成了历史的哑谜……

一、探寻亚特兰提斯

传说在海洋的尽头有一根“海克力斯之柱”，这根柱子也是整个世界的尽头。在这根“海克力斯之柱”以外，有个巨大的海岛叫亚特兰提斯，据说这个岛的主人是海神波塞东。在这个小岛上有位失去双亲的少女，波塞东娶了这位少女并生了五对双胞胎。后来，波塞东将整座岛划分为十个区，分别让这十个儿子统治，并以长子为最高统治者，因为这个儿子叫做亚特拉斯，因此称该国为“亚特兰提斯”王国。因为亚特兰提斯这个名字很容易令人联想到大西洋，所以后人又把这个国家叫大西国，这块陆地也由此被称之为大西洲。在其立国之初，亚特拉斯王以德治国，国家和平昌盛，人民生活安定富足。

亚特兰提斯国在岛上的高地上建筑了圣城海神市，全城以同心圆划成5个区、3道围墙和3道水渠，与外海相通，海运四通八达。城市用黑、白、红三色石块建成，雄伟而华丽。宫殿和庙宇更为壮观。外墙嵌以银，尖顶铺金，天花板全部用象牙砌成。世界各国朝贺者和商队，源源不断，城中人声鼎沸，热闹非常。

市中心是一座卫城，这里有献给波塞东和妻子的庙宇，还有一座祭祀波塞东的神殿。神殿内部以金、银、黄铜和象牙装饰，供着用金塑成的巨大的波塞东神像，他驾着由6匹飞马拉的金车，头部几乎要触及庙顶。四周环绕着100多个骑在海豚上的海中仙女，辉煌无比，十分壮观。海神传下的法律被刻在一根黄铜柱上，放置在海神庙之中，以示威严。

亚特兰提海岸设有造船厂，船坞内挤满着三段桨的军舰，码头都是来自世界各地的商船和商人。亚特兰提斯十分富强，除了岛屿本身物产丰富外，来自埃及、叙利亚等地中海国家的贡品也不断。

这十位国王在自己的领土握有绝对的权力，各自实行不同的国家组织，彼此之间为了保持沟通，每隔5～6年便在波士顿神殿齐聚一堂，讨论彼此的关系及统治权力，当协议成立后就割断养在波塞东神殿中的牡牛喉部，以其血液在波塞东神殿的柱子上写下决议条文，以增添决议神圣不可侵犯的权威性。

十位国王都很英明，国家也都很富强。不幸的是这些国家不久以后便开始腐化，随着生活的富足，亚特兰提斯人变得利欲熏心，他们沉湎于酒色，崇尚武力和暴政，抛弃应有的和平美德，频频向外发动侵略战争，派遣的几支大军征服了地中海、埃及和欧洲等地。最后甚至向众神之王宙斯的领地希腊发动进攻，宙斯为惩罚他们的堕落，在距今1.2万年的一个夜晚，引发地震和洪水，一瞬间海水暴涨，大地颤抖，大西洲沉没在翻滚的大海深处。后来它的遗址成为希腊人海路远行的阻碍。

二、柏拉图对大西洲的叙述

古希腊哲学之祖——柏拉图（公元前427——前347年），在其晚年的著作《柯里西亚斯》和《提玛友斯》两本对话录中都提到了亚特兰提斯的故事，关于这个故事是否为历史事实，很早就有争论。

首先由《提玛友斯》说起。发生于公元前960年，一支来自大西洋的军队正准备进攻欧洲，甚至企图攻占亚洲，而这支军队就来自亚特兰提斯。这是一个强大帝国，一个拥有超高度文明的大国，后来亚特兰提斯发生严重的地震和水灾，陆地沉入水中，一夜间整个国家就消失了。

对话录中的另一节《柯里西亚斯》，这节记录着由柏拉图的表弟柯里西亚斯所叙述的亚特兰提斯的故事。柯里西亚斯是苏格拉底的门生，他曾在对话中三次强调亚特兰提斯的真实性。柯里西亚斯的故事是来自他曾祖父卓彼的口述，而卓彼则是从一位希腊诗人索伦（约公元前639——前559年）那儿听到的。索伦是古希腊七圣人中最睿智的，索伦在一次游埃及时，从埃及老祭师处听到亚特兰提斯之说。

对话录中的记载大致如下：

在地中海西方遥远的大西洋上，有一个以惊异文明自夸的巨大大陆。大陆上出产无数的黄金与白银；所有宫殿都由黄金墙根及白银墙壁的围墙所围绕。宫内墙壁上也镶满黄金，金碧辉煌。在那里，文明的发展程度令人难以想象。有设备完善的港埠及船只，还有能够载人飞翔的物体。它的势力不只局限于欧洲，还远及非洲大陆……在一次大地震之后，它沉落海底，它的文明亦随之在人们的记忆中消失。

从柏拉图两千多年之前所发表的《对话录》，我们可以想象得到亚特兰提斯这个岛屿强大。岛的中央有一片广阔而肥沃的大平原，矿产量丰富而且动物、食用植物及木材众多。岛的正中央是华丽的宫殿及神殿，而且以黄金碧玉作装饰，金碧辉煌。他所拥有的科学文明可能还超越现今文明，国势之大可能比起中国的唐朝有过之无不及。有人说它毁于天灾，既然它拥有高度文明，为何不能提前做出防御措施或逃避这次灾害呢?

柏拉图去世后数百年间，古希腊、罗马的学者们就曾对亚特兰蒂斯存在与否争论不休。持否定意见的人认为柏拉图是在论述哲学时所列举的寓言故事。而持肯定意见的人认为，在《对话录》中，柯里西亚斯曾三次强调真有其事，苏格拉底也说，这个故事“好就好在是事实，这要比虚构的故事强得多”。而最先讲述这个故事的索伦是古希腊公认的诚实的人，他生活的时代比柏拉图只早二百年，因此靠口授流传下来是完全可能的。另外值得一提的是5世纪时的罗马学者普洛克勒斯曾引述地理学家马塞勒斯的一个手抄本，内容称亚特兰蒂斯的传说，是由去过一个遥远的海岛的旅客收集的，据说该手抄本保存在亚历山大图书馆中。但亚历山大图书馆后来毁于战火，该手抄本也不知去向。

上面我们提到的柯里西亚斯详细讲述了亚特兰提斯的行政结构、典章礼节、巨大的商船队和许多壮丽的建筑，又说亚特兰提斯历经十个皇帝，国势一直富强。但他们圣洁的一面逐渐消失，变得腐败无能，日趋堕落，“他们利欲熏心，只知争权夺利”。在这种情况下，宇宙之神宙斯决定惩罚亚特兰提斯人。因此，宙斯“召集诸神来到自己的神殿内，……诸神齐集于神殿后，他说——”然而，柏拉图所记的对话到这里就中断了。那么，亚特兰提斯真的是遭到神的惩罚才没入海底的吗？

而后来，柏拉图的学生亚里士多德却认为，亚特兰提斯并不是历史事件，只是要唤醒世人远离腐化而虚构的故事，不过因为附会的一些历史事件，于是就有人兴起寻找故事根据的行动。但在柏拉图死后300年，希腊学者德拉托尔在他所著的书中记述了他发现的一块石碑，这块石碑上的铭文和画像，也记载着大西洲的事情。

三、亚特兰提斯沉没在何处

千百年来，柏拉图对大西洲的生动描写不仅给人们带来了极大的乐趣，同时也给后来的科学家留下了千古之谜。大西洲原来的位置在哪里，它是否真的沉没在大西洋海底？

因为亚特兰提斯和大西洋的发音很相像，因此人们就先由大西洋开始寻找亚特兰提斯，不过并未找到类似的地方。

一般来说，要确定亚特兰提斯故事的舞台，必须具备两项基本条件：第一是经挖掘后，用科学调查方法能证明的确存在过文明；第二是有证据显示该地区的文明，是因地震或火山爆发等突发性天灾异变而消失。但至今大西洋仍未找到满足这两项条件的地方。

16世纪，一位名叫弗拉卡斯特罗的意大利学者提出一个惊人的论点：美洲的印第安人会不会是大西国人种的后裔呢？哥伦布发现的新大陆会不会是大西洲未被淹没的土地呢？许多年来，有无数的地质学家和地理学家、神学家和考古学家、航海家和冒险家，全身心地投入了寻找大西洲的实践，探索范围甚至从西半球扩展到东半球。大西洲究竟在哪里？一直争论延续到21世纪。

有人认为，原先的大西洲就位于今天高加索的西部，现在沉没于黑海海底。他们的证据有：1896年，俄国人在黑海边发现古碑和古墓志铭，很像是一万年以前远古时代的遗物；1956年，苏联的考古队又在黑海中找到了沉入海底的城市，大约是一万年以前的建筑物。为证明这些海底的古墓和城市就是消失的古大陆大西洲，他们搬出了许多古老的传说。如传说中的诺亚方舟，在洪水泛滥时救出了阿柯农和别纳。而阿柯农的父亲是英勇善良的“盗火种者”普罗米修斯。

当时大西国比希腊文明进步得多，普罗米修斯把火种的秘密悄悄地告诉了希腊人，由此触怒了宙斯，而被长期囚禁在高加索。这样，大西洲与希腊的仇恨就越来越深，酿成了一场战祸。又如古希腊人曾经前往高加索寻找金羊毛，而这一传说中提及的克尔斯大富，就与柏拉图在著作中描绘的大西国的海神波塞冬的神宫非常相似，这不能说只是一种巧合。

1968年，美国学者曼森·瓦保丁在巴哈马群岛进行水下考察时，发现海底有一条由长方形与多边形石块铺成的大道，这些石块排列整齐，周边平滑，分明是经过加工的，而在石头大道的终端略呈弧形，这符合古代车辆转弯行驶的需要。他还发现了一堵雄伟的海底城墙，长达1600米，每块石头有16立方米。继而又发现了几个码头、一座翼栈桥，显然这是一座沉没的港口，同年他又在比米尼岛海底发现一座城市，有街道、车站、城墙等建筑物。据此，发现者推测它就是人们努力搜索的古洲。但是，后来有科学家曾经潜入洋底，在“石路”上采回标本进行过化验和分析。结果表明，这些“石路”距今还不到10000年。如果这条路是大西国人修造的话，它至少不应该少于10000年。

1974年，苏联的一艘海洋考察船在大西洋底下拍到了8幅照片，它们共同显示一座宏大的古代人工建筑物。考古学家对此作了分析，认为很有可能就是聪明而悲壮的大西洲人建筑奇迹的遗物。

1977年，法新社报道了一则轰动世界的奇闻：科学工作者在百慕大三角区发现一座金字塔，塔高200米，位于900米深的海底。并说百慕大海底可能存在着一个高度发达的古代文明。1979年，美国和法国的科学家联合对百慕大进行科学考察，采用当时最先进的电子扫描仪器探测海底，在扫描图像中，发现有十个高200米、底边长约300米的海底金字塔。

根据图像上的海水动力参数分析，塔身上可能有两个巨大的洞穴，海水以惊人的流速从洞中穿出，狂涛汹涌，令人惊叹不已。那么，这些金字塔会不会是大西洲人的杰作呢？争论是十分激烈的。有人推测：大西国曾经讨伐过埃及，并把文明播种于埃及，所以后来埃及人也学会了建造金字塔的技术。此外，美洲也有类似的金字塔，它很可能来源于大西国，而不是古埃及。但这一学派的论点同样没有得到其他同行们的赞同，甚至还有人对一些照片的真实性表示怀疑，因为他们也到百慕大考察，却没有发现金字塔等古建筑。也有人认为那只是一座简单的海底角锥形山峰。

四、难寻的地下长廊

据说，有个名称叫“阿加尔塔”，指的是地底下的世界。传说在地下世界里有无数洞穴、隧道和迂回曲折、交错成网的地下长廊，古代文明的秘密和无尽的宝藏在那里埋藏着。多少年来，许多科学家和探险家冒着生命危险前去探索考察。

1942年3月，美国刚刚卷入第二次世界大战。在这非常时期，有一天，日理万机的罗斯福总统把科学家德威特·拉姆及其夫人帕特里夏招来，交给了他们一项重要使命——寻找“阿加尔塔”。

拉姆向罗斯福报告：战前，他曾率领一支美国的考察队在墨西哥的恰帕斯密林中考察，寻找地下走廊的入口。他们发现了秘密入口的线索，但是遇到了把守地下长廊入口的白皮肤的印第安人。这些白种印第安人包围了考察队，不许前进半步，严厉示意考察队马上离开此处。

印第安人向导上前与他们交谈，才知道他们是玛雅人的后裔，是印第安族的一个分支，叫拉坎顿人。他们居住在密林之中，与世隔绝，世世代代守护着密林深处的圣地。地下长廊的入口就在此处，它通向地底的远方，那里藏有珍宝。拉坎顿人遵守祖训，不准外人进入他们的圣地。

此后，对“阿加尔塔”的考察热潮一直在持续。发现也越来越让人沸腾。

英国考察队在墨西哥马德雷山脉南侧，也找到了地下长廊，走向是通向危地马拉。每当拂晓，就能听到从地下长廊发出击鼓一样的音响，声振四方。

谁首先找到地下长廊，找到了宝藏，谁就有了无尽的财源。

希特勒对美洲地下可能存在的黄金宝藏早已垂涎三尺，战前就派多批考察队潜入美洲，在那里和美国考察队展开了一场争夺战。看来，罗斯福召见拉姆，并不是为了猎奇和探险，而是为了战争。

西班牙人安托尼奥·芬托斯在危地马拉考察时，发现了一道60公里的地下长廊，长廊有圆形的拱门，从地下可以走到北边的墨西哥。

探险家莫里斯从厄瓜多尔的瓜亚基尔附近的一个山洞入口处进入地下长廊，发现了人工开凿的痕迹，洞壁平整，并经粉刷。

秘鲁考察队在利马以东600公里的安第斯山脉发现了一道1000公里的地下长廊，走向是通向智利和哥伦比亚的。

英国科学家威尔金斯根据各种考察资料推断，地下长廊是首尾相接的，并且有许多交叉地段，在美洲地下，可能存在一条纵贯南北美洲的地下长廊，这就是美洲的“阿加尔塔”。

20多年前，苏联的阿塞拜疆也发现了地下长廊。在入口处发现了人体遗骨和岩壁画，并且年代较近。过去曾传说那一地区有些“无底洞”。后来，据苏联科学家考察，这是整个高加索地区连续不断的地下长廊的一处出口，与西伯利亚科累马地下长廊很相似。其中有20多米高的大厅，有些大厅壁面平滑，有很狭窄的拱形门。这条地下长廊沿着山脉，缓缓倾斜向下延伸，这样的地下长廊与中美洲的十分相似。

苏联的一支考察队曾进行考察，在亚洲北部也发现了地下长廊，认为这一长廊基本是自然形成的，西伯利亚东北部的契尔斯基山脉附近，有一条名叫科累马的河流，在河的流域内有许多网状的地下回廊。经过多年的考察证实，这些迷宫式的回廊一直向契尔斯基山脉底部延伸，并穿过这一山脉，继续向西南方延伸。可是也有一些段落有明显的人工开凿痕迹，洞的四面完全垂直，肯定是机械切削的结果。

到底是谁开凿的这条地下长廊呢？考古学家和人类学家断定是亚特兰提斯人的杰作。

他们开凿地下长廊的目的是为了保护他们的在文明，他们知道来自天外的、地下的和他们中的核战争的灾难将毁灭他们的文明。长廊通向美、非两洲。灾难发生时，亚特兰提斯人经过长廊逃往非洲和美洲，也有一部分就生活在了长廊中。据英国探险家的报告，在尼罗河等地也发现了地下长廊，其中有些段落宽达400多米，有明显的人工凿痕。根据探险考察和文献记载，人们推测地球上可能存在一条穿过大西洋底，连接欧、亚、美、非各洲的地下长廊，即阿加尔塔长廊，它的开掘年代和有多少珍宝，目前仍然是个谜。

根据地理学家贝罗希诺夫在1916年的报告，在阿尔泰山区也有一些地下长廊，从蒙古南部一直延伸到沙漠戈壁。有人认为中国的敦煌，可能就是地下长廊的一处入口。

五、亚特兰提斯的沉没之谜

在人们热衷于探寻大西洲原来位于何处的同时，科学界也在为大西洲是怎样消失这一问题而大伤脑筋。如此巨大的一片陆地，有什么力量可使它在“一日一夜之间”就沉入茫茫大海之中呢？这又是一个天大的迷案，其争论之激烈比前者更甚。

在这些争论中，“火山地震”说流传的时间最长。科学家们认为，大西洲是在一场剧烈的海底火山喷发以及由此诱发的海底地震或海啸的联合袭击下，导致地壳突然发生沉降，因此在“一日一夜间”沉入海底的。有考古学家经过考证具全指出，大西洲的遗址应该在地中海的圣多里尼岛。古代这里曾产生过高度发达的文明，毁于3500年前的一场火山爆发中。这个岛位于克里特岛北部，克里特岛上可以看到火山爆发之后的火山灰和浮石。能造成地震、海啸和火山喷出物等天灾地变的原因，只有火山运动，而圣多里尼岛目前还有旺盛的火山活动。

在柏拉图的亚特兰提斯故事中，半径9公里左右的小岛，和其南方拥有广大平原的大岛，人们猜测大概就是指圣多里尼岛和克里特岛。

圣多里尼岛将大约直径10公里的海洋包围起来，外形像个甜甜圈，包括中间海洋部分约为20公里，很像亚特兰提斯故事中半径9公里的小岛，岛中央面向海洋的断崖高达200～300米，此断崖延伸到海中深处，包括突出海面部分，大概有500米之高。内海中央有内亚加梅尼小岛，岛上有个活火山。

我们可以这样想象：圣多里尼岛原本是个略呈圆形，中央没有海洋的岛屿，因为内亚加梅尼岛上剧烈的火山活动，使得岛中央陷入海底，形成破火山口，海水灌入其中形成目前的环状地形。

大约在公元前1400年，圣多里尼岛的火山大肆活动，通常火山爆发之前会先发生相当频率的小地震，随之而来的喷发则喷出大量的浮石和火山灰，顺着此地区夏季的地中海季风，向西飘到克里特岛等地，这就是克里特岛东北部发现大量火山灰和浮石的原因，即使到现在只要一吹起西风，这附近的海面还会铺满火山灰和浮石，宛如亚特兰提斯故事中所述的情景。

浮石和火山灰喷出以后，地底变成中空，导致地表因而下陷，成为广达直径10公里，断崖高度数百公尺的破火山口。破火山口形成的同时也引起巨大的海啸，由破火山口的直径和深度可以推测，这次海啸的周期是数十分钟，高达200米，如此大落差的海啸袭击克里特岛北岸必定造成极严重的损害，因此彻底摧毁了当时的大西洲。

六、故事的另一版本：亚特兰提斯与米诺斯文明的惊人巧合

由上述推测得知，公元前1400年时期发生在圣多里尼岛的天灾巨变，很像是柏拉图提到的亚特兰提斯故事的结尾。然而，到底历史上是否曾存在过这样的一个民族至今人们仍不能确定。

有的学者提出当年英国人伊文斯所发现的米诺斯文明和柏拉图的亚特兰提斯有一些相通之处。例如，在克里特岛上除了克诺塞斯宫殿外，在岛的北岸、东岸和南部也都找到宫殿遗迹，居住于这些宫殿的统治者之中，似乎以克诺塞斯国王最具权力。这与亚特兰提斯故事中十位国王并列执政的状况很相似。

另外，亚特兰提斯也十分注重牛，而在克里特岛上现存壁画中可以看到许多跳牛背的年轻人图案，酒器也有牛的图案，黏土制棺材上的葬礼画中，所绘的牺牲品也是牡牛。人们还在克里特北部的玛莉亚和东岸的加都沙克罗斯也发现码头的遗址，由壁画中可以见到华丽的船只。而且米诺斯文明也是铜器文化，这些事实与亚特兰提斯故事中的情景都相当吻合。

公元前1400年时期米诺斯文化突然崩溃，其直接原因是来自希腊本土的迈锡尼人的入侵，但我们已经知道在迈锡尼人入侵之前，克里特岛突然发生天灾地变，这一点更加强了米诺斯王国历史和亚特兰提斯故事的相似性。

令人惊讶的雷同性如果以赞成的立场来仔细观察，还可以发现在地中海各地流传着很多与发生在公元前1400年时期，与圣多里尼岛火山喷发有关的史实和传说。

有一个著名的例子是：根据《旧约圣经》中《出埃及记》的记述，埃及王子摩西为希伯来人（现在以色列的祖先），上帝在西奈山指示摩西“戒”后，他就十带领同胞离开埃及，埃及法老王派兵追赶他们这些人，希伯来人在逃命的途中被广阔的大海挡住了去路，正当不知所措时，摩西将手伸出，海水立即退干，希伯来人顺利脱离险境，而尾随而来的埃及军队却被再度涨起的海水吞没。

奥地利精神分析家弗洛伊德分析认为，摩西应该是在公元前1360年前后离开埃及的。如此的话，就能将“十戒”与圣多里尼喷火，“红海的奇迹”与圣多里尼破火山口形成时的大退潮大涨潮等现象联系在一起。

另外，多数圣经考古学家认为旧约圣经中的“红海”，并不是现在的红海，而是地中海沿岸的巴达威尔湖，在这个地方就有可能发生与圣多里尼海啸有关的“红海奇迹”。

还有一种“冰川融化”假说。赞成这种观点的学者认为，距今14000年前，地球气温开始不断升高，冰川逐渐融化，导致连续2000～3000年的特大洪水泛滥，直至距今12000年时，大西洲终于被淹没了，此说虽然符合地球演变历史，但问题是，大西洲既然是被冰川融水所淹没，就不可能于“一日一夜之间”完全消失，那么大西洲就会有成千上万的人可以逃生，例如迁居北非、埃及等，为何柏拉图的记载中却无一人逃出？对此，这一学派解释说，当时的大西国人忙于建造金字塔，这是一部“石头书”，只要破译了这部“石头书”，大西洲之谜也就解开了。

但史实究竟是怎样的，大西洲与大西国是否是真实存在的，这个传说是否与几乎在同时代消失的米诺斯文明是一回事，大西洲是否是被火山、冰川或者小行星毁灭的？所有的疑问仍有待于考古学的发展和学者们的探索。

七、智慧的海底生物——人类在地球上的另一分支？

一群西班牙的采海带工人于1992年夏，在海底目睹了一个巨大的透明圆顶建筑物。1993年7月，美英科学家在大西洋海底大约1000米深的地方勘测到了两座大型“金字塔”，极像是用水晶玻璃建造的，边长约为100米，高约200米。

美军上校亨利也曾在百慕大三角区水下360米处发现了金字塔，美国探险家特罗纳刚在巴哈马群岛海域发现了“比密里水下建筑物”。当时人们推想这些建筑是“海底人”用来采集海底石油和天然气的化工厂，也有人认为是“海底人”用于净化和淡化海水的设备，甚至有人猜想这是“海底人”发电用的电磁网络。

1938年，在爱沙尼亚的朱明达海滩上，人们发现了一个“鸡胸、扁嘴、圆脑袋”的“蛤蟆人”。当它察觉到被人跟踪时，便立即跳入波罗的海，其速度之快，让人几乎看不见它的双腿。这可能是第一例关于海底人的目击案例。

1958年，美国国家海洋学会的罗坦博士使用水下照相机，在大西洋4000多米的海底，拍摄到了一些类似人但却不是人的脚印。

1963年，美国潜艇在波多黎各东海岸演习时发现了一个“怪物”，它既不是鱼，也不是兽，而是一条带螺旋桨的“水底船”，时速竟达280公里，这是人类现代科技所无法企及的。据说当时美国海军有13个部门都看到了它，并分头派出了驱逐舰和潜艇进行跟踪，但不到4小时，这头“怪物”就消失得杳无踪影。

1973年，在大西洋斯特里海湾，丹德尔·莫尼船长现水下有一艘类似雪茄烟的"船"，其长约40～50米，正以每小时110～130公里的速度航行，并直冲丹德尔的船而来，就在马上就要相撞时，却突然绕行而过。此事发生过后半年，北约组织和挪威的数十艘军舰，在威思格斯纳海湾发现了一个被称为"幽灵潜水艇"的水下怪物，虽然动用了各种武器对它进行攻击，可它却毫无反应。而当它浮出海面时，所有军舰上的无线电通信、雷达和声呐仪等装置全都失灵，直到它消失后才恢复正常。

地球上是否就只有我们人类这一种智慧动物呢？在过去很长的一段时间内，人们的回答都是肯定的。但以上种种事件不能不使人们浮想联翩：难道在蔚蓝色的大海深处有另一种智慧生命存在吗？进入20世纪以后，一些科学家和探险家根据考察，推断地球上还生活着另一种神秘的智慧生命——海底人。

有一种观点认为，"海底人"确实存在，它们既能在"空气的海洋"里生存，又能在"海洋的空气"里生存，是史前人类的另一分支，其理由是：人类起源于海洋，现代人类的很多习惯及器官仍然明显地保留着这方面的痕迹，例如喜食盐，身无毛，会游泳，海生胎记，爱吃鱼腥等，而这些特征则是陆上其他哺乳动物所不具有的。在人类进化过程中，很可能演化成水中陆上两个分支，上岸的被称为"人类"，下水的则被称为"海怪"。有人戏说，看来"海怪"还把人类称为"陆怪"呢！第二种观点则认为"海底人"不是人类的水下分支，很可能是栖息于水下的特异外星人，原因是这些生物的智慧和科技水平大大超过了人类。

目前，大多数科学家都不赞同第二种观点，他们认为"海底人"的许多特征与地球的生存条件相契合，他们只能是属于地球的生命，而不可能是来自外星的生物。于是，海底可能有另一支人类分支的说法就逐渐占了上风。

是否真的有"海底人"呢，是否与亚特兰提斯有关？这需要科学家们去进一步探究。但假如真的有"海底人"，对人类倒不是一件坏事，起码我们并不是孤独地生活在地球这个宇宙的孤岛上。

八、史前文明的传播

传说中的亚特兰提斯大陆在一万多年前沉入海中，只留下最高处成为今天海中的许多小岛，而这个大陆的正确地点可能就在爱琴海，海中的克里特岛充满了神秘现象，这个小岛屿或许就是残存的古代亚特兰提斯大陆遗迹！传说中的亚特兰提斯拥有高度文明，岛上民众以类似今天飞碟的器具在天空中快速移动，他们利用水晶球汇集宇宙能量，身体非常轻盈，可以在空中飘浮，肉体只占生命的少部分，大部分生命现象则是一团能量。

有人提出这样的假说：认为亚特兰提斯的古文明曾传播至古印度与中国。你相信这一点吗？中国神话中的伏羲氏是人面蛇身的怪物，具有超能力，是亚特兰提斯国王的儿子，当时伏羲氏由爱琴海乘着龙（生存在高次元空间的生物）来到中国，使得中国人自称是“龙的传人”。这段神话假说相当有趣，由人类古文明遗迹中虽然可以找到若干证据，但至今也没有得到科学家的认同。

许多传说中的古文明后来都陆续为人类发掘而成真。比如爱琴海文明中的重要传说“木马屠城记”的故事，是依据古代荷马的史诗《奥德赛》所改编成的，早期科学家都认为这个故事中的特洛伊城是虚构的，但19世纪末期德国人施里曼却依据传说和史诗，在希腊找到了特洛伊城的遗迹。或许人类文明断层中无法以近代科学解释的部分经由神话传说的补充将更为清楚，神话也可能并非单纯虚构。要在近代科技研究中寻求灵感必须由探讨古代文明入手，因为古文明遗迹中有太多科学无法解释的“超科学”、“超自然”现象。古文明中有太多值得我们去关怀与探讨的内容。如果有一天，科学家和考古学家们证实了亚特兰提斯文明或许就是爱琴文明时，人类的历史恐怕要改写了。

艺术宝库卫城之谜

希腊是人类文明的发源地之一，希腊人创造了辉煌的文明，为后人留下了很多宝贵的财富。现在，考古工作者发现了众多的希腊古代遗址，在这些遗址中，最为有名的当属雅典卫城。雅典卫城，希腊语称之为“阿克罗波利斯”，意思为“高丘上的城邦”。雅典公民在希波战争的卫城废墟上建立了卫城，其外观和内部设计在当时都是首屈一指的。

雅典是古希腊的政治文化中心，卫城是供奉雅典庇护者雅典娜的地方。雅典卫城雄踞于市中心一座高150多米的四面陡峭的山丘上，东西长280米，南北最宽处130米，地势险峻。19世纪的考古学家们在这里发现了许多古代的遗址，它们包括道路、水井、墓穴和住宅，这些遗址证明此处于公元前2800年便有人居住，一千年后的雅典王也是在这里建起了他的王宫，宫殿被一道牢固的围墙完全圈在里面，利用雅典卫城的陡峭山岗进行有效的防卫。

卫城的中心是雅典城的保护神雅典娜·帕特农的铜像，主要建筑是膜拜雅典娜的帕特农神庙，建筑群布局自由，主次分明。无论是身处其间或是从城下仰望，都可看到较完整而丰富的建筑艺术形象。帕特农神庙位于卫城最高点，造型庄重，其他建筑则处于陪衬地位。卫城南坡是平民的群众活动中心，有露天剧场和长廊。卫城在西方建筑史中被誉为建筑群体组合艺术中的一个极为成功的实例，特别是在巧妙地利用地形方面更为杰出。

公元前8世纪——前6世纪，雅典作为希腊第一个城市国家出现，这里成了雅典奴隶主民主政治时期的宗教中心。公元前480年——前479年，贵族出身的杰出的政治家和军事家伯里克利成为雅典国家的实际统治者，他委任当时希腊最有名的雕塑家费迪亚斯重新建筑雅典卫城的神庙，鉴于雅典国家的政治机构早已被迁移到城市的低部，这里完全成为了雅典人膜拜诸神，尤其

△ 雅典卫城

是雅典城的守护女神雅典娜的宗教圣地。

此外，城堡正面还保存着古剧场、集市中心和竞技场的遗址。城堡东南角建有规模宏大的博物馆，收藏着大量的石雕和其他古代艺术品。

卫城山门是雅典卫城的入口，建于公元前437至公元前431年，由尼西克利斯设计，是继帕特农神庙后的又一杰作。它的立面前后均用六根多立克柱，中央一块最为宽大。山门以西内坡道两侧，各有三根秀拔的爱奥尼立柱，在它们顶托着的爱奥尼式梁枋上，绘着盾剑画。这两排装饰华丽的列柱烘托着山门，没有装饰的山门更显刚劲、庄重。土耳其人占领时期，曾将山门作为火药库，土耳其总督也曾在此居住。1640年，山门因遭雷击而受到严重破坏。

两千多年来的风雨冲刷，再加上无情的炮火与掠夺，雅典卫城的艺术建筑已成一片废墟。但是后人没有放弃对卫城的挖掘和修复工作。19世纪初，雅典卫城的发掘过程出现了有意义的转折。1801年，英国驻君士坦丁堡大使埃尔金来到雅典卫城，收购了帕特农神庙附近的两座民宅。工作人员在拆毁民宅时，在其中一座民宅里发现了很多破碎的雕像。埃尔金从土耳其政府那里得到复制石膏模型和实地探测与发掘的许可证，雇用了三四百名工人，在神庙周围的地下发掘，从周围的民宅中搜罗与收购，获得破碎雕刻12件，腰线浮雕15块，浮雕56块。后来，埃尔金用金钱贿赂土耳其警方，将这些无价之宝以货物形式运回英国。

埃尔金的行为引起了世人的关注，对他的评价也是毁誉不一。埃尔金在抢救这些艺术品时，竟将有用部分从整体中挖出，从而毁坏了其原貌。有人对此讥讽说：“哥特人之所不为者，而苏格兰人为之。”

一些西方学者步埃尔金后尘而来到雅典，对卫城建筑进行测量。但是，19世纪20年代的希腊独立战争又使考古工作中断。战争期间，卫城多次成为战场，残留下的古物再遭劫难。30年代起，发掘工作再度展开，法、英、德等国的考古学家相继来到这里，他们把埋没的一座座神庙、宏大的狄奥尼索斯广场、剧场、居住区、仓库、西北部的墓地等从地下发掘出来，并进行了复原。此项浩大的工程持续了一个多世纪，直到第二次世界大战之后，卫城的修复工作仍在继续。

大约公元5世纪，基督教进入雅典。15世纪，东罗马帝国灭亡，雅典沦为土耳其的统治。1687年，威尼斯人入侵雅典，神庙炸毁。土耳其人在神庙上建造了清真寺，很多世纪过去了，雅典卫城的遗址却长眠于地下，静静地等待后人的呼唤。

亚历山大石棺之谜

位于希腊北部的小镇韦尔吉纳，被人们视为古代马其顿首都艾加伊城的遗址。人们在遗址中的墓葬群中发现有马其顿王国皇室墓群，其中可能有亚历山大之父腓力二世和亚历山大四世的墓穴。这两座墓穴中都装饰着精美的壁画，被保留下来的巨大宫殿用马赛克和灰泥装饰。整个遗迹有300多个坟墓，有些甚至建造于公元前11世纪。

艾加伊城位于皮埃利亚山脉以北的山坡上，是古代马其顿王国的首都。考古学家证明，自公元前3000年左右的青铜器时代早期开始，艾加伊城就有常住居民，到了公元前11世纪到公元前8世纪的铁器时代，该城逐渐繁荣昌盛起来，成为周边地区的中心城市，居民人口数也急剧增加。公元前7世纪到公元前6世纪是艾加伊城发展的鼎盛时期，其中包括马其顿国王都城在内的大量的传统建筑都是在这个时期建起的。

19世纪初，几位法国考古学家对艾加伊城进行了第一次考古发掘，不久又进行了第二次发掘。二战以后，人们又对艾加伊城的墓葬进行了第三轮挖掘。直到1977年，发掘工作有了很大的突破进展。发掘人员在研究马其顿历史卓有造诣的考古学家马诺里斯·安德罗尼科斯的率领下，终于使遗址中的马其顿王家墓地重见天日，这个重大发现也成为20世纪最伟大的考古发现之一。

打开陵墓之后，墓室的地板上有一批银制器皿，青铜盔甲立在墙边。在墓室后面朝门的地方，有一个盒状的大理石椁，里面是一座精美绝伦的金棺。金棺重11公斤，顶盖上有一颗星，据说是典型的马其顿王族的标记。里边装殓着一具火化后的骨骸，它最初被包在紫色的布里，上面放着一个一个用黄金制成的象征古希腊主神宙斯的橡叶和橡子环绕而成的金橡树花环。人

△ 亚历山大石棺

们发现，在墓地的几百座墓穴中，虽然有些在古代就已被盗墓贼所洗劫，但里面还是保存了不少非常有价值的文物以及墓中珍贵的壁画。

挖掘过程中，人们发现了一座拱顶墓。其入口上方装饰着一道彩绘中楣，长5.56米，表现的是狩猎的场面。经过仔细勘查发现，构成这座拱顶陵墓大门口的两块石板没有被人触动过。当清理干净陵墓顶部的时候，呈现在人们面前的，是个看上去像是用干泥砖砌成的祭坛。

随着挖掘工作的继续开展，人们又发现了位于陵墓前方的第二间墓室。这里也随葬着木制家具以及镀金的青铜盔甲和镀金的银弓箭匣。还有一具金棺，里边发现了金器和用来包裹火化遗骸的紫布。这具遗骸看上去像是一位妇女，其年龄在25至29岁之间。在如此大的古墓中发现这么丰富的遗存说明这很可能是马其顿王族成员的墓。在随葬主墓室的一顶头盔上有一条带状的金银头饰，它曾是希腊国王佩戴的饰品。墓内发现的壁画和器物风格所属的年代表明，这座墓属于公元前4世纪中叶。

在遗址中还发掘出了王宫和剧院，据考证这两座建筑建于公元前4世纪。

宫殿是以一座用柱环绕的内院为中心来组织布局的，宫殿还建有圆形的神殿、豪华的宴会厅，其中的一所建筑中还有马赛克铺成的地板。根据出土的陶器和其他物品的制作工艺判断，专家认为，这座坟墓是在公元前340年——前310年间封闭的。

这座陵墓应该是马其顿王族成员的墓穴。从墓中挖掘出来的文物豪华程度及年代来看，有人据此推测，它也很有可能就是亚历山大大帝之父腓力二世之墓。这种说法得到主墓室金棺上的王族星徽的支持。但这也仅仅是一种推测，而在墓中没有发现能够确凿证明此人就是腓力二世的碑文或其他文字记载。

那么，墓中的遗体究竟是不是腓力二世呢？20世纪90年代，一批法医专家根据古代文献对腓力二世的可靠记载，试图重新塑造出这位葬在墓内的死者的容貌。他们最后塑造出来的是个面貌凶狠的“独眼龙”，这个人被加上胡须，制成了一尊蜡像。这尊蜡像身高约1.67～1.72米，其年龄大约在35~45岁之间。法医和考古学家们一致认为，这张重现的面孔，和从古代保留下来的腓力二世画像相比还是很近似的。

蜡像的重塑增大了墓中人是腓力二世的可能性，也大大激发了人们的好奇心。这个“独眼龙”到底是不是亚历山大的父亲呢？有人提出，如果能找到腓力二世的儿子——亚历山大大帝的墓，将尸骸挖出并进行DNA测试对比，岂不就解开疑惑了吗。

据史料记载，亚历山大远征印度回到巴比伦后不久突然猝死。当时，他的遗骸就被埋在埃及的亚历山大城中。但在公元前4世纪左右，遗骨却突然失踪，变得下落不明了。这是为什么呢？亚历山大死后，他部下的将军们为了争夺继承权，在大马士革为了亚历山大的遗骨争斗不休。很多人认为，是他的将领托勒密最终获得了亚历山大的遗骨，并将其带回埃及。但也有人认为，托勒密带回的遗骨并非亚历山大本人。亚历山大的遗骸后来究竟被埋在何处，千百年来也一直是个谜。

沙漠古城——埃勃拉王国之谜

在叙利亚北部城市阿勒颇与哈马之间，横亘着一片渺无人烟的大沙漠。这个广阔的沙漠冬季干旱、夏季酷热，据说在盛夏午时，地表沙土的温度高到能把鸡蛋和面饼蒸熟。炎热的气候造成地表水分蒸发极为严重，干旱使得这片沙漠寸草不生。

1862年，法国考古学家梅·戴沃盖为了探寻古文明，率先开始考察叙利亚大沙漠，成为首批探索这片“被舍弃的地区”的探险家之一。随后一座巨塔和一些古建筑物遗迹的发现，是戴沃盖这次短期考察的主要收获。这些建筑物特点鲜明，墙壁较宽，殿堂较大，柱子较高。但由于各种原因，发掘工作被迫中止。此后近百年间，考古学家们几乎遗忘了这片风沙肆虐的沙漠区，而这里也不再有人踏足。

1955年，居住在沙漠附近的一名叙利亚农民，偶然在沙漠里发现了一个石狮子和一个圣盆。石狮子是用灰色玄武岩雕刻而成的，圣盆四周刻着行军的武士和举行宴会的情景。遗憾的是，这一发现在当时并未得到人们足够的重视。

1962年，意大利考古学家保罗·马蒂尔博士率领着罗马大学考古队来到叙利亚，目标是追寻青铜器时代（约4000多年前）的遗风。他们把发掘的目的地定在了突起于沙漠中的特尔·马尔狄赫荒丘，因为这座荒丘高出周围地面约10米，远远看去似乎有着不凡的气势。巧合的是，这里正是7年前石狮子和圣盆的发现地。

大规模的调查和发掘工作最终于1964年9月13日正式开始。经过4年时间，人们终于在一个炎热的日子里，发掘出了一具由玄武石雕刻而成的无头男人像。据考证，这尊石像的制作年代是公元前2000年。这位石雕男子穿着讲究，神情高雅。在他的袍子上，人们发现了26段楔形文字铭文，其中写道：“因为埃勃拉之王和伊斯塔尔女神，将水槽献给大神庙。”

埃勃拉——这个令人振奋的名字令马蒂尔灵光一闪，这里很可能是一座像特洛伊一样沉寂千年之久的古代名城！

埃勃拉是叙利亚一个古国，存在时期可追溯到公元前3000年至公元前2000年初，之后便从历史舞台上彻底消失了。埃勃拉的名字，曾经在两河流域和埃及的古文献中出现过数次。但是关于它存在的确切位置，现代考古学家们却无从知晓。因此，许多考古学家都把找到埃勃拉当做自己的追求。这尊埃勃拉男子雕像的出土使他们初步认定，这座荒丘也许就是埃勃拉古国的首都。

宏伟壮丽的特尔·马尔狄赫陵墓首先被考古队发现，接着是整个古城遗址被发掘出来。从遗址中看，埃勃拉城遗址总面积约5675平方米。它的平面大致呈菱形，最宽处约1000米，辟有4个门。城址中央的卫城近似圆形，直径约170米。

1973年，在卫城中，考古学家们发现了公元前3000年的王宫遗址。王宫里宫殿极多，排列整齐有序，结构复杂而又富于变化，阶梯走廊曲折连通。王宫四周还有一道又高又厚的城墙环绕，其中有一段长15米的城墙至今仍保持着当年的状态。普通居民的生活区位于城墙和卫城之间。

这些建筑整体布局和谐，排列技巧精湛，令人叹为观止，堪称古代西亚建筑艺术中的精品。由于马尔狄赫荒丘遗址的地层叠压完好，因此它几乎为人们描绘了一幅完整的西亚历史画卷。

1974年，在王宫的一间小房子里，马蒂尔博士发现了42块散落在地上的碑牌。这些碑牌上都刻有楔形文字，有些文字无法辨认，有些则是苏美尔语。由可识别的碑牌内容确定，这里就是消亡已久的埃勃拉古王国首都——埃勃拉城。1975年9月，又有1000多块这样的碑牌被考古队发掘出来。而9月的最后一天，对于人们而言则是最富有历史意义的日子。这一天，考古队在卫城共发现了3万多块泥版文书。先是在一个房间里发现了约1.5万块，接着在另外两间房里又发现了约1.6万块。这里简直就是一座藏书丰富的古老图书

△ 埃勃拉古国遗址

馆！多得令人难以想象的泥版文书，把发掘工作的组织者马蒂尔博士震惊得瞠目结舌。事后他回忆说："我的第一个印象是，我好像在看一个陶土碑牌（泥版文书）的海洋。"

数量如此巨大的泥版文书的发现震惊了全世界，这个史无前例的发现很可能会将一个掩埋在地下几千年的古国奥秘华丽地揭开。

"在叙利亚沙漠地区发掘出了沉睡达3000年之久的死城——埃勃拉（ebla）古国遗址"一事，在20世纪70年代末、80年代初，由世界闻名的美国《国家地理》杂志和法国《历史》杂志以及许多家报刊相继进行了报道。

埃勃拉古国遗址的发现，不仅是20世纪考古学界轰动全球的重大事件之一，还被誉为是二战后"古代世界在语言学、考古学和历史学方面的最大发现"。美国《新闻周刊》撰文说："这一新的发现使人类对于文化、历史知识的了解产生了剧变。"

在被考古学家们发现之前，埃勃拉古国只是一个传说中的国度，人们对这个古国的了解基本都源于楔形文书的记载。现在，埃勃拉泥版文书成为人们对埃勃拉古国进行研究的最直接资料。这些数以万计的泥版文书内容极其丰富，不仅对古国的行政、经济、外交和司法等情况作了记载，还对当时广为流传的很多神话进行了记述。

经过对这些泥版文书长期深入地研究考证，意大利铭文专家佩蒂纳托博士做出了许多推理和判断。他指出，部分泥版文书书写时间最晚也可上溯至公元前2500年，而泥版文书的制作时间则大约在公元前3000年至前2500年之间。

在这3万余块泥版文书中，真正用苏美尔语书写的大约有80%，其余的则是一种古老的闪语（西亚塞姆族方言）。专家们据此推测，苏美尔语可能是当时埃勃拉王国的官方用语，而民间用语则属于西亚塞姆族语系的一部分。因此可以断定，埃勃拉国最原始的居民属于塞姆族。佩蒂纳托博士将塞姆族方言称为“埃勃拉语”。

随后，在这些泥版文书堆里，佩蒂纳托博士居然发现了一部迄今为止人类历史上最古老的翻译词典。这部词典把“埃勃拉语”翻译成了相应的苏美尔语。正是这部翻译词典的出现，为今天学者们对埃勃拉泥版文书进行准确解读和研究提供了可能。

值得注意的是，作为塞姆族语系的一种，“埃勃拉语”与西亚阿卡德语、阿摩利语和希伯来语之间是什么关系，学者们至今仍在讨论。有部分学者认为，“埃勃拉语”可能是阿摩利部落、阿拉米亚部落、迦南部落、希伯来部落等地方言的鼻祖，但目前学术界尚无定论。

埃勃拉泥版文书中人名有上千个，地名出现过5000多个。其中“启什”和“阿达卡”这两个名词出现的次数最多。有一部分泥板上还记载了很多指令、税款和纺织品贸易的账目以及买卖契约，可见工商业在当时的埃勃拉王国已经相当发达了。

一块泥版文书上写着260座古代城市的名字。迄今为止，历史学家还未曾听说过这些地名。有些学者认为，这些城市有可能曾是埃勃拉军队的征服地。

这些泥版文书中，“马利”这个名称出现过不止500处，它是幼发拉底河中游的一个城邦。历史上马利长期受埃勃拉控制，公元前2480年曾被埃勃拉国王称为“征服马利之年”。战争的起因是当时统治马利的伊布鲁尔·伊尔不仅没有按时向埃勃拉国进贡，而且还把埃勃拉的一个商业殖民地占领了。恼羞成怒的埃勃拉国王随即派军队对马利进行讨伐，逼其投降，之后又让自己的儿子担任马利国王，对其进行统治。

另外一些泥板上记述了埃勃拉王国的外交关系、王族内部和国内事务、宗教和文化事务等方面的内容。这些泥版文书让人们了解到了许多当时的情景。例如：某国王有38个儿子；某国王和美索不达米亚的一个国王联姻，公主的陪嫁物是埃勃拉辖制下的几个市镇；国家法令规定“强奸处女者判处死刑”等。人们还从中知道了当时70余种动物的名称、埃勃拉人民对几百个不同神灵的赞美诗和咒文以及学生抄刻的一些作业等。

一句话，埃勃拉泥版文书的价值是毋庸置疑的。它们不仅为今人勾勒了一个几乎早已被遗忘的文明古国概貌，更为人们进一步研究中东早期城市的历史提供了丰富翔实的资料。作为人们了解整个古代世界的一个桥梁，这些泥版文书不愧为全人类的文化瑰宝。

虽然现在还有相当一部分埃勃拉文书没有被破译出来，但是学者们根据已经解读的大量文书和文物，对埃勃拉这个神秘国度的概况还是有了初步的了解。

据考古发掘出土的资料显示，埃勃拉有原始居民定居的时间，至少可以上溯至公元前4000年后期。到了公元前2900年左右，埃勃拉就已经成为西亚强国之一了。因为这个国家是由附近的一些村庄和城镇以埃勃拉都城为中心联合而形成的，所以被部分学者称之为“城邦国家”。

大致来讲，埃勃拉古国算是一个比较发达的奴隶制国家。埃勃拉古国的奴隶制初期大约是在公元前3000年。那时国家统治者还是通过选举产生的，国王7年一选，允许连选连任。这一点说明，处在氏族制解体、向奴隶制过渡时期的埃勃拉还有军事民主制的残留。后来，国家开始实行世袭制。有资料显示，埃勃利乌姆国王在位时间长达28年之久，这证明在他统治时期世袭制已经得到了确定。

新国王在登基时都要举行一种叫做“涂油礼”的奇特仪式。这既是为了彰显作为一国之主的与众不同，也是为了显示国王是“天神之子”，给王权蒙上一层神秘的面纱，继而巩固作为维持政权精神支柱的“王权神授说”。

国王作为专制君主，拥有无上的权力。他把全国的政治、经济、军事、司法和宗教等大权独揽于一身，以他的意志作为整个国家的意志。在埃勃拉的历史上，有的国王昏庸无道，为了纵乐不惜耗费人力、物力，役使大量战俘和本国劳动人民为其修建奢华的宫殿。即使退位之后，他们也继续由国家俸禄供养。一块泥版文书上记载的王宫内饷金名单中人数多达11700人。

尽管埃勃拉王国所处的地区不属于大河流域，但是它的农业仍然相当发达。首都埃勃拉城近郊是一片平原，水源丰富，因此，农业除了依靠雨水灌溉以外，还可以用河水浇灌。埃勃拉的主要农作物是大麦和小麦，此外，畜牧业对埃勃拉国民经济的推动作用也不容忽视。

手工业和商业在埃勃拉王国非常发达。在泥版文书中提到的技术工人有陶工、雕刻工、金属工、面包师、木匠、纺织工、制香料者、磨坊工等，商人则分为两类：国家商人和私商。

强盛时期的埃勃拉古国，与周边的埃及、两河流域、小亚细亚、腓尼基等都存在着密切联系。但在埃勃拉王国内部，“埃勃拉之子”和外国人有着非常清晰的界限。“埃勃拉之子”可以享有一切权利；而外国人则只是在埃勃拉境内居住，他们虽然是自由民，却不享有任何权利。

古埃勃拉王国实行募兵制，国家拥有一支战斗力极强的常备军。这支常备军兵种齐全，装备精良，士兵们个个训练有素。国王正是凭借着强大的军事力量才得以对内镇压，对外实施侵略。为了扩大自己的势力范围，公元前2800年至前2500年期间，埃勃拉王国不断对外发动战争，攻占了很多邻近的城市和地区。

随着军事侵略的接连胜利和王国版图的不断扩大，大量的奴隶拥入埃勃拉，奴隶制随之迅速繁荣起来。到了公元前2300年前后，埃勃拉已经拥有人口近30万，它的中心城市也有3万多人聚居，这个大国的发展终于达到了顶峰。

埃勃拉王国在经济方面有一个特点，就是其王室奴隶制经济得到了空前的发展。农庄、牧场、种植园和各种作坊等王室庄园遍布全国各地。庄园的管理体制极其严密，从中央到地方拥有很多行政管理人员和监督人员。

神庙和世袭贵族也都拥有自己的土地，其中世袭贵族通过三个途径得到土地：一是继承祖辈的土地；二是侵夺或购买、兼并他人的土地；三是接受国王赏赐的土地。

神庙土地的所有权主要掌握在神庙的僧侣们手中，这些土地是不允许自由买卖的。神庙的奴隶有很多，这些奴隶不仅要耕种神庙的土地、照管神庙的畜群，还要在神庙所办的手工作坊中劳动。神庙的僧侣们拥有种种特权，他们虽然占有大量的土地，却可以不纳税。他们的收入来源也很多。除了任职世袭的寺庙获得职务收入外，还从经商中获得利润。他们广泛地开设店铺，放高利贷，从事奴隶买卖，甚至还积极参与政府活动，势力不断得到壮大。

除此之外，余下的少量土地归农村公社所有。拥有很少土地或者不占有任何土地的贫民在统治阶级的残酷剥削下，为了生存，不得不依附于贵族或神庙，有的成为佃农，有的沦为雇农，更惨的甚至被迫做了债务奴隶。到了埃勃拉王国晚期，由于贫富悬殊，社会内部各种矛盾不断激化。

此时，埃勃拉王国为了加强对幼发拉底河流域的控制，多次与阿卡德王国进行战争，最终被阿卡德国王萨尔贡一世征服。胜利后的阿卡德王国不仅对埃勃拉的旧贵族进行残酷打击，还掠夺埃勃拉人民的金银和牲畜，逼迫他们缴纳贡物，同时还对他们进行奴役。这些行为引起了埃勃拉人民的强烈不满，他们纷纷起来反抗。

公元前2291年，埃勃拉城再次被萨尔贡一世的孙子纳拉姆辛攻占。纳拉姆辛一把火把包括王宫在内的整个埃勃拉城烧毁。幸运的是，正是这场大火把储藏在王宫里的泥版文书熏烤成了陶土片。这些陶土片经久不坏，以致它们在几千年后出土时仍保存完好，成为今天人们研究埃勃拉古国的宝贵资料。

坚强的埃勃拉人并没有被这场战争彻底摧垮，在阿卡德王国撤军之后，他们在废墟上重建了家园。宏伟壮观的大神庙等建筑的修建，一度使古城重现了往日的繁华和喧闹。只是好景不长，大约公元前2000年左右，埃勃拉人辛苦重建的古城遭到了游牧民族阿摩利人的铁蹄践踏，被洗劫一空后，再次葬身火海。

公元前15世纪中叶，赫梯人又来到这个多灾多难的王同进行掠夺。埃勃拉城的城墙就是被赫梯人毁掉的。屡遭浩劫的埃勃拉城自此日渐衰落，再也没有重现过往昔的繁华强盛。后来，埃勃拉居民突然之间全部“蒸发”，埃勃拉王国也在历史上销声匿迹了。

关于埃勃拉王国为什么会突然消失，学者们对此争论不休。综合起来有这样几种说法：阿摩利人和赫梯人的影响；古埃及王国的衰落以及由此引起的埃及与亚洲商业贸易联系的削弱；在贸易方面，克里特的作用不断增加；伊朗高原成为新的贸易中心；贸易商道从幼发拉底河和地中海之间北移；农业条件不断恶化等。

还有些学者推测，埃勃拉古城虽然毁灭了，但是埃勃拉文化并没有随之灭亡。它先后得到了乌伽里特和巴勒斯坦诸民族的继承。然而，这一切也只是推测。

因为部分泥版文书上刻着的古老的塞姆语文字尚未被全部破译出来，所以人们对埃勃拉至今还存在着许多疑惑：泥板上所提到的200多个城市有多少今天仍然存在着？千余年来它们都有过什么样的名称？埃勃拉王国为什么会灭亡，以及它在历史上销声匿迹的真正原因是什么，埃勃拉人到底去了哪里，他们的后裔现在还存在吗，现存的哪一种文化源自埃勃拉文化，埃勃拉文化是否与古埃及和美索不达米亚文明同样灿烂夺目，埃勃拉文化对后世的影响体现在哪些方面？

无数的未解之谜等待着人们的进一步探索和解答。

河姆渡文化之谜

1973年夏天，浙江省余姚市河姆渡村的村民在村北的姚江边建设排涝站，当挖至地下一米深时，有人发现了一些不寻常的石头，这些石头好像被加工过！这些石头马上被送往浙江省文物管理局的考古人员手中。

挖掘小组当即成立，火速赶往余姚村。当挖掘刚刚开始时，一些木头就显露出来，这可不是一般的木头，据专家判断，这些木头围成的形状像一口水井，很有可能这里是古人类居住的村落。

挖掘工作仍在继续。当挖至距离地面2米深时，考古人员发现了11座墓坑和3个灰坑，还有大量的石器和陶片。这令他们兴奋不已！一个巨大的秘密即将被揭开！

考古人员继续往下挖，又有一批陶器被挖出来，专家断定这是6000年前新石器时代的陶器。难道6000年前这里也生活着人类？如果答案肯定的话，中华文明发源于黄河流域的论断岂不是要重新受到挑战？

在证据不够充足以前，没有人敢武断地下结论。发掘仍在深入，考古工作者也就不断有新的发现。令人叹为观止的事情发生了！

当考古人员挖掘到距地面3米深的地方时，在黑褐色的土层中闪出一些金黄的小颗粒，但眨眼间这些黄色的小颗粒就变成泥土的颜色。考古人员简直无法相信自己的眼睛：这些东西竟然是炭化了的稻谷！在与空气接触以前，它们还保持着原来黄灿灿的颜色，谷粒爆满，芒刺坚挺，谷壳上隆脉清晰。稻谷虽已炭化，但稻壳上的稃毛仍排列整齐，分明可辨。稻谷和谷壳稻秆等堆成20～50厘米高，最厚处超过了1米。

经鉴定，河姆渡遗址出土的稻谷大部分属于人工栽培的籼稻，这一发现几乎震惊了考古学界！它不仅纠正了我国新石器时代考古史上“有粳无籼”

的说法，而且把我国种植水稻的历史向前推进了两千年，并首次证明了我国也是世界上最早人工栽培水稻的国家之一。

那么，当时居住在这里的人类是如何种植水稻的呢？原来，六千年前居住在这里的古人类使用骨制生产工具种植稻谷，这就是骨耜，它是由水牛等大型哺乳动物的肩胛骨制成的。骨耜是用来翻耕及平整土地的生产工具，类似于现代的犁。其他的生产工具还有骨镰、木杵、长方形双孔石刀等。河姆渡人已经具有了一整套从翻土到收割的农业工具，甚为齐全。大量骨耜的出土向今天的人们说明出这样一个事实，六千多年前的河姆渡人已经脱离了刀耕火种的耕作方法，进入耜耕农业阶段。

不光有如此先进的耕种工具，河姆渡人储藏粮食也有自己的一套。那么，河姆渡人是怎么做的呢？原来那些发掘出来的深腹、大容量的陶罐和陶盆就是明确的答案。而陶釜底部残留的锅巴也向我们展示了先民们的生活方式和习惯，同时更进一步证明了稻作文明的真实性。

尽管河姆渡人已经学会种植水稻，但因为当时生产力毕竟还是很落后，再加上时常发生的各种自然灾害，当时的稻谷产量还不能满足人们的日常需求，因此仍需要饲养家畜，并辅以采集和渔猎。家畜饲养业与农业定居生活依存紧密，猪狗两种家畜遗骨在河姆渡遗址中分布普遍。

河姆渡文化遗址的发现，使长江下游地区史前考古学跨上了一个新的台阶，改变了过去人们的认识，以无可辩驳的事实纠正了以往认为江南史前文化发展较晚的观点，同时说明长江流域同样存在灿烂的古老的新石器时代的文化。河姆渡先民不仅创造了中华的文明，也挥写了世界文明史的光辉篇章。

原来长江流域同黄河流域一样存在极为发达的农耕文明！这使得以前那种认为农耕文明发源于黄河流域的一元论不攻自破。黄河、长江同样是中华民族农耕文明的摇篮，灿烂而悠久的中华民族文化是由黄河流域、长江流域等古代先民共同创造的！而我们，也是名副其实的“南炎北黄”的炎黄子孙！

河姆渡遗址出土的文物内涵丰富，具有十分鲜明的区域特征，从而形成了独树一帜的河姆渡文化。

河姆渡出土的陶器以夹炭黑陶为主，少量为加沙、泥质灰陶，均为手制。器型有釜、罐、杯、盘、钵等器具，陶器表面常有绳纹、刻画纹。陶器上刻画的图案写实性强，手法夸张，想象丰富，富有浓郁的生活气息，例如双燕比翼齐飞，小狗饱食后小息等。

△ 河姆渡文化遗址

出土陶器的经典之作是著名的猪纹陶。猪纹陶出土于1973年，通体由炭黑色的陶制成。陶体呈长方形，但四角都具有一定的弧度，底部是平的，两个长的边壁上各刻有一条猪纹，虽然线条较为简单，但形态却非常逼真。

这件陶器的胎质较疏松，器壁较厚，还处于陶器制作的原始阶段。猪的头部向前伸而且稍微有点低垂，猪的嘴很长，双目圆睁着，好似在寻觅食物。猪的身上还刻有简单的圆圈和叶子似的花纹，脊背上的鬃毛簇立着。从整体上看这头猪形状更像野猪，只是比野猪要温驯些，介于野猪和家猪之间。从这件猪纹来看，河姆渡时期的猪偏瘦、偏小，可能是因为那个时候食物不足，人们不等猪长大就宰杀造成的。

从这件猪纹黑陶钵我们可以了解到7000千年前的河姆渡人已经开始进入了定居生活，也反映了当时河姆渡的畜牧业水平，对研究猪的进化具有极高的价值。

河姆渡人已经拥有了丰富多彩的精神文化生活，其原始艺术已达到一定水平。在河姆渡遗址中出土了大量的石、玉制作的装饰品，而块、璜、管、珠、环等饰品大多用玉和萤石制成，开创了用玉之风的先河。河姆渡人并不满足于对这种装饰类物品的追求，他们还发明了吹奏、打击乐器的，在河姆渡遗址出土了一些吹奏、打击乐器有骨哨和木筒等，其中出土的骨哨已达5孔，音乐工作者以此仿制的鸡腿骨骨哨能吹奏完整的七声音阶。

河姆渡出土的雕刻艺术品也相当讲究，用料有象牙、骨、木等，设计奇巧，寓意更是十分深奥。最为神秘的就是一件神秘的双鸟朝阳纹象牙蝶形器，它是经过加工的象牙，部分已残缺，外形像一只展翅的蝴蝶。牙雕长16厘米，宽5.9厘米。牙雕体的正面刻有精美图像，正中为光芒四射的太阳，用五个同心圆表示日面，圆心附近有一个圆点，位置在日中稍微偏左。这件象牙雕刻的时间，据推算大约距今6000至6700年。

不少学者认为这是太阳崇拜的图形。太阳外侧为一对昂首相望的鸟，鸟羽下垂，与太阳下方水面波浪相接。这幅图像表示，旭日从海上喷薄而出，群鸟飞而相迎，代表古越族人民欢欣鼓舞，迎接初升太阳的情景。这是一件象征着古越族兴旺发达美好前景的圣物。但也有少数学者认为是对生殖崇拜的象征。虽然很难判断这个图案的含意，但无论如何这是出现在荒蛮时期的一件精美艺术品。

河姆渡遗址还出土了一件漆碗，说明我们的祖先已经掌握了髹漆工艺。这件漆碗，胎为木质，器呈椭圆瓜棱状，敛口，底有圈足。器壁外表有薄薄一层红色涂料，微有光泽。这种朱红色涂料经裂解后，涂氯化钠盐片，用红外光谱分析，其光谱图和马王堆汉墓出土漆皮的裂解光谱图相似。

早在7000年前，河姆渡人已经学会了缝纫，出土的缝纫工具主要有骨针、细小的骨锥、管状针及小石锛等，缝纫、纺织、编织，河姆渡人的技术已经比较娴熟，类似机件在太平洋沿岸也曾发现，而在时间上则要晚两三千年。

1973年，河姆渡文明重现世间，立即震惊了华夏，震惊了世界。河姆渡先民的智慧与成就，为源远流长的中华文明添上了最辉煌的一笔。

一、世界最发达的耜耕农业

7000年前的河姆渡地势低平，地表平均海拔高仅1米左右，这里生长着茂密的森林，气候温暖湿润，是动植物的天堂，仅出土的动物遗骸就达61种。河姆渡遗址所在的平原是“工”字形地质结构，具有良好的促淤功能。遗址的西部紧临江边有一座海拔仅9米左右、面积不到100平方米的小石山，当时的河姆渡人就依山聚居在小山坡的东面和北面。特殊的“工”字形地貌使这里最先成为陆地，当周边还是一片浅海时，河姆渡已是一块“风水宝地”了。每当洪水过后，这里都是最早露出陆地，并迅速变成绿洲。河姆渡先民正是借助“工”字形高地的优势，在这里栖息、繁衍，并创造了长江流域璀璨的河姆渡农业文化。

原始农业是从采集发展而来，原始居民在年复一年的采集果实的过程中逐渐掌握某些植物的生长规律，把这些植物加以栽培，由此产生了原始农业。河姆渡人种植的水稻是由野生稻逐步培育而成，并创造了当时的世界上最发达的耜耕农业。

栽培水稻在先后两次大规模考古发掘中均有发现，其谷粒外形、颗粒大小已接近于现代栽培稻，粒重远远超过野生稻，经鉴定大部分属于栽培稻的籼亚种中晚稻型的水稻，少部分属粳稻。河姆渡遗址出土的稻谷和谷壳，换算出稻谷应当在12吨以上。出土的稻谷数量之大，保存之好，不仅堪称全国第一，就是在世界史前遗址中也是十分罕见的。河姆渡栽培稻较传说神农植稻早2000年，比泰国奴奴克塔遗址出土稻谷早数百年，填补新石器时代考古“有粳无籼”空白。

河姆渡的农具也十分先进，骨耜就是其中的代表。骨耜看上去很像现代的锹或铲，它的主要用途是松土，在河姆渡遗址共出土骨耜170余件。骨耜大部分取材于大型偶蹄哺乳动物的肩胛骨。骨耜使用时安装竖直的木柄，木柄的下端一面削平，以与骨耜的浅槽吻合，同时在上端绑定木柄，为了操作方便省力，木柄和上部做成Y形或T形。在浙江博物馆收藏有一件弥足珍贵的骨耜，是迄今保存最完整的。令人称奇的是在它上面还残留着一圈当时缠缚的葛藤，以及嵌于其中的木片。由于长期使用刃部十分光滑。磨损严重，特别是中间作为刃部的扁薄扇面，磨蚀破损尤甚。

从国内外有关骨耜的考古发现来看以河姆渡出土的骨耜年代最早、制作最精，而且数量也最多，堪称世界第一。

随着稻谷和骨耜的发现，生动地告诉我们：当时先民们在这一大片土地上撒下谷种，就是用骨耜这种农具进行耕作。他们手执骨耜，开田翻土、引水灌溉，辛勤耕作。他们还用动物肋骨制作了一大批劳动工具，如磨成锯齿状的骨镰、中耕农具鹤顶锄和谷物加工工具木杵等。这些都表明，7000年前生活在我国东南沿海一带的河姆渡人已经脱离了“刀耕火种”的落后状态，发展到使用成套稻作生产工具、普遍种植水稻的阶段。农业已成为河姆渡人当时主要的生产活动，它的稻作农业耕作形态堪称世界上最为先进发达的耜耕农业。

但是，根据考古资料显示，河姆渡人的水稻生产主要在湖滨的低洼地利用自然水源进行灌溉培育，农业的好坏完全取决于自然条件。风调雨顺时收获就多，倘若遇上了洪涝或干旱等自然条件，很有可能就会颗粒无收。而河姆渡遗址背山面水、土地狭小，非常容易遭受水灾。据《河姆渡遗址考古发掘报告》描述，河姆渡遗址经常遭受水灾，给水稻生产带来严重威胁。因此，河姆渡人产生了原始的对太阳神的崇拜，实际上是祈盼农业丰收。河姆渡人不惜花费大量时间去精心制作“双鸟朝阳”象牙雕刻蝶形器，正是把它作为太阳神的像具，作祭祀之用。

二、世界最早的木桨

河姆渡地处江南滨海平原，气候温暖，降水充沛。遗址周围湖泊沼泽遍布，河流纵横交错，有着辽阔的水域，因此河姆渡人与水结下了不解之缘。已有的考古发现及研究证实，河姆渡文化与马家浜文化是长江下游南岸两个不同地区、不同类型而又平行发展的原始文化。滔滔钱塘江水和波涛汹涌的杭州湾并没有阻碍这两支近邻文化间的文化交流，而舟楫等水上交通工具的发明就成了他们交流的前提。

在河姆渡遗址共出土了6支木质船桨和1只陶舟，桨柄和桨叶用同一块原木削制而成，长63～92厘米，木柄上刻着各种斜线组成的图案，精细美观，桨叶呈柳叶状，阻力很小，大小和形状跟现代游船的划桨很接近。7000年前的木桨，不但在我国是首次发现，而且在世界上也属首例。

同一遗址还出土了一只陶舟。该舟长7.7厘米，高3厘米，宽2.8厘米。陶舟两端有小孔，可以系缆，全舟下半部的弧形，轮廓自然流畅，可以减少水的阻力。木桨和陶舟的出土，否定了国外一些学者关于中国古代没有独木舟的观点。虽然河姆渡尚未发现完整的独木舟，但从遗址出土的独木舟的遗骸、木桨，可推知河姆渡先民能够制造出较为先进的独木舟。

三、古井的发明者

考古学家在河姆渡遗址发现了很多重要的古遗迹，而这其中非常值得注意的是一口木构浅水井，距今已有5600余年，这是我国迄今发现的最早的水井。

这口井的井口为方形，边长约2米。据考古学家的复原推测，水井遗迹的周围都是黑色淤土层，井旁一角放置着几块平整的大石块，所以这口井是选择了低洼处开挖的。河姆渡人在原有的水坑中部，先打入四排桩木，组成了一个方形的桩木墙，然后再将排桩内的泥土挖去。为了防止排桩向里倾倒，再在排桩上部套一个方木框。排桩之上平卧十六根长圆木，很可能是构成井口井架或为了加固井口而设置的构件。井底距当时井口地表深约1.4米。考古学家还在水井外围发现了一圈呈圆形分布的栅栏桩，又在井内发现辐射状的小长圆木构件和苇席残片等，据此推测水井上当盖有简单的井亭。这个比较完整和高级的水井，是我国发现的属于最早的一流水井。它和河姆渡文化农业定居的社会经济生活是完全相应的。历史传说中的所谓“凿井而饮，耕田而食”，就是这个时代的标志。

《周易》记载“木上有水，井”，千百年来人们百思不得解：井怎么会是木上有水呢？正是这口方形木构井的发现，才使这千古之谜彻底被揭开。也许在五六千年以前，海潮是河姆渡一带的常客，又因常年雨量充沛，暴雨、洪涝常使水浑浊而不能饮用，木井的构筑使先民饮到了洁净的水。由此可见，古井是先人净化水、讲究饮水卫生的杰作。

河姆渡古井的形制，在我国象形文字中还大致有迹象可寻。金文中的井字，有时也写作“井”字，在井字中间增加了一点，井干是四面横直相交之形，而中间的一点则是汲水用的陶器，以区别于捕兽用的陷阱之井。可见，象形文字也反映了历史上事物的微妙差异。

水井的发明，是人类与大自然斗争的一次重大胜利。自从发明水井以后，人们可以在远离河流、湖泊的地方生活，开辟新的生活居地，可以战胜干旱的威胁，对于生产的发展起了很大的促进作用。毫无疑问，水井的发明在人类文明史上是有划时代意义的。

河姆渡遗址河流沼泽密布，地下水位很高，一般不能采用半地穴式建筑解决居住问题，于是河姆渡人发挥聪明才智，开创了人类居住方式的惊人之举——干栏式建筑。

干栏式建筑是一种以桩木为基础，构成高于地面的基座，再用桩柱绑扎立柱、架梁、盖顶的半楼式建筑，是巢居的继承和发展。干栏式建筑的功能十分强大，首先可以避免野兽的袭击，一般性洪涝对其生命安全也不构成灾害，另外还可以脱离潮湿的地面。“干栏式”建筑是我国南方传统木构建筑的祖源，至今华南有些地区仍存在。

发明和创造干栏式建筑也不是一朝一夕的事情，河姆渡人的住房经历过好几个阶段。首先是在一棵大树上构巢，紧接着发展到在相邻的三四棵树上架屋，直到最后才有了现在我们熟知的干栏式建筑。

河姆渡遗址木结构技术已经取得了惊人的成就，其干栏式房屋的建筑工艺已经十分科学。

首先就是在房屋朝向的选择上。根据河姆渡遗址第一次考古发掘的建筑遗迹平面图分析，3幢建筑均呈西北——东南的走向。这样建筑的朝向与现在的坐北朝南方向选择有很大差别，对采光、通风、取暖、避寒都不利。河姆渡文化的生产力水平已经很高，这种建筑方式与其丰富的生产、生活经验成反差。可经过仔细考证研究，却发现，这种安排十分合理。

当时的建筑还未开窗，而门的位置与傣族的干栏式建筑一样是开在山墙面的，具有出入、通风、采光、排除烟尘的诸多功用。干栏式建筑呈西北——东南走向，门的朝向向南偏东10度左右，这个朝向在江浙地区冬季日照时间最长而夏季最短，避开了夏季的炎热，增加了冬季的采光时间。所以对长坡檐，无窗户的干栏式建筑，这个朝向选择是非常符合实际的。迄今当地的建筑仍继承了这个合理的朝向选择，门户向南偏东5° ~10° 是最好的朝向。当然这是通过实践和生活慢慢积累得来的。

干栏式带来的建筑困难比一般地面建筑大得多。万丈高楼平地起，建筑能否成功，基础是关键，干栏式建筑显得尤为重要。河姆渡的建筑基础桩木有圆桩、方桩、板桩之分，各种形式木桩的底部一律砍削成尖刺状或刃状，用打入法处理。接下去架设地梁。从上面基础工程看，开工前需要对建筑负荷有个计算，以决定用材的规格和数量。然后根据建筑面积，室内分隔要求，在现场放样。最后选择坐标，以保证木桩的平行垂直，保证下步的梁柱安装工程。

在河姆渡遗址干栏式建筑遗迹中，最具有影响力的是出土了上百件带榫卯的木构件。河姆渡人的榫卯技术，把我国应用榫印技术的历史推前了3000多年。7000年前的河姆渡人在没有金属工具的生产条件下。仅以粗劣的石器和骨器，创造了多达十余种形式的榫卯，令人惊叹不已。这种木结构建筑设计之科学，规模之宏大，不仅为我国所罕见，也是人类文化史上最早的杰作，被考古学家称为7000年前的奇迹。

河姆渡的建筑师已经有了室内装修的意识，居宅是人类生活、生产、社交的重要场所，也是装修方面的重点。由于石质生产工具的制约，当时的地板比较粗糙，而且高低不平，从出土的“人”字形土块看，室内坐卧处重要区域的地板曾经用泥土抹平，然后铺上苇席，使得这些部位比较平整，容易打扫干净，有利于休息。此外根据建筑学家分析，建筑遗迹中显露出当时室外留有1米多宽的走廊，从出土的直板栏杆卯孔看，走廊外侧还安装着栏杆。

在室内装修中，他们还着意进行美化，出土的刻花木构件，马鞍形五叶纹陶块可能是室内悬挂于门框或中柱上的艺术品。居宅装饰中最突出的是竖立于屋脊上的鸟形器，它们用石、骨、木和象牙材料制作，正面刻有鸟和太阳的纹饰，顶端两旁有穿孔，用于穿引细绳把鸟形器与木棒绑扎起来，再把木棒绑扎在脊梁上。许多学者认为河姆渡遗址出土的鸟形器可以和铜屋模上的立鸟联系起来，反映古越人爱鸟、崇鸟的习俗。总之这些艺术品表现了河姆渡人的原始宗教信仰，把居宅的装修提高到了艺术的阶段。

由于干栏式建筑适应江南地区多雨、潮湿的自然环境，还具有防蛇虫猛兽和饲养家畜、堆放杂物的多方面功用，因此历数千年不衰。继河姆渡遗址以后，考古工作者在江苏吴江梅堰、海安青墩、浙江吴兴钱山漾、广东高要县茅岗及湖北蕲春县毛家嘴、四川成都十二桥等遗址中都发现干栏式建筑的遗迹。干栏式建筑直接启示了楼阁的发明，并利用了下部空间，最终导致阁楼与二层楼房的形成。

河姆渡是长江下游新石器时代晚期的一处氏族聚落生活遗址，其发展的轨迹是两千年。但奇怪的是，考古学家并没有发现他们延续下来的证据，河姆渡文化的突然消失引起了历史学家和考古学家的种种猜测。

1998年的一次洪灾，给研究者带来灵感。他们对河姆渡周边地理环境作了长达3年的调查，发现几乎在姚江所有的拐弯处，都有大洪水冲刷的痕迹。

后来研究人员发现，河姆渡遗址地层的堆积表明河姆渡文化时期至少发生过两次特大洪水。分别发生在距今六千年和五千年前后。第二次洪水不仅淹没了河姆渡人的家园，还使“工”字形高地被冲出一个大缺口，姚江完成了由北流改道东流的剧变。

于是，海水沿河道上溯，河姆渡开始遭受洪水的威胁，变成一片水乡泽国，祖先赖以为生的水稻连遭淹没，甚至颗粒无收。于是先人开始大规模迁徙，离开了生息两千年之久的土地……

河姆渡人迁徙到哪里去了？考古学家一直苦苦追寻，却没有答案。20世纪70年代末，考古学家在河姆渡遗址发现了几十具河姆渡人骸骨，对于研究河姆渡人去向提供了宝贵的实物资料。

经复原测量鉴定，河姆人头骨均为长颅类型，颅骨的高度大于宽度。鼻骨宽而且平，齿槽突颌，上齿槽弓狭长，缺乏颌圆枕和下颌圆枕。头骨眉弓不特别粗壮，眉间不突出，鼻根凹浅平，眶角较钝，颧骨大而突出，具有典型的蒙古人种形态特征。根据两个成年男性的股骨和胫骨长度推算，身高分别为162厘米、170厘米，均属中等身材。

复原后的河姆渡人与蒙古人种有着千丝万缕的联系，但至今考古界也无法确定二者之间的关系。

“红山文化”之谜

红山文化是指华人祖先在距今五六千年间，于北从西辽河流域，南到大凌河流域、渤海湾北岸，并延伸到燕山以南的区域内，创造的新石器时代晚期的一种原始文化形态。因1935年最早发现于内蒙古自治区赤峰市郊红山后村，而于1955年正式得名，并将其后面世的具有相同或相似文化特征的诸遗址，统称为“红山文化”。

红山文化之代表为牛河梁。

牛河梁位于建平县、凌源市交界，居大凌河、老哈河之间，是蔓延于努鲁儿虎山谷的三道黄土山梁。自20多年前红山文化得以在此发现并发掘，这三个土得掉渣的字就变得大气十足，几乎在一夜之间举世闻名。

女神庙处于整个遗址中心，面积75平方米，现被圈起，并用8道房梁搭了个篷。篷内只是一块长方形空地，凹凸起伏，坚硬的黄土地残留着发掘的痕迹。远近松涛在篷外阵阵呼啃，使之显得空旷而又苍凉。

由于科技技术上的不足，当年只对女神庙进行了局部试掘，之后掩上黄上，一直保护至今。至于何时才能具有足够的技术支持，没有人说得清。

试掘之时，女神庙出土了红陶彩绘的壁画和祭器残块，以及泥塑的熊爪、鹰爪和鸟翅。最令世人震惊的是女神像残件，分属于6个个体，有大小不一的女神头像、手臂、腿部，以及鼻和耳。女神头像缺了半边耳朵，整个面部表情却依然生动。绿玉石的眼睛深深凹进眼窝里，使眉骨、颧骨显得很高。嘴巴有点特别，回缩微咧，好似略带笑意。

牛河梁女神庙是考古界发现的中国最早的神殿；女神庙里的女神像，是亿万炎黄子孙第一次看到的5000年前由泥土塑造的祖先形象。当年女神头像重见阳光的辉煌一瞬，曾被辽宁省博物馆的摄像师抢入镜头，照片以“五千年后的历史性会面”为题，刊登于国内外大小报刊。读者一片喧哗，祖先雍容自若。

环女神庙而建于各山头的，是诸多积石冢和祭坛。所谓积石冢，即以石板搭建的坟墓，其墓室、墓盖、墓底、墓界均为石板。祭坛则是积石冢的附属设施。积石冢是红山文化的特征之一，与国内华北、中原地区新石器时代以土坑为主的墓葬形制完全不同。

纵观牛河梁发掘的所有遗址，每一处积石冢群均是小墓围绕中心大墓，四周又砌筑石墙以为框界。大墓上面积石封土，形成高耸的山头。大墓皆为男性，其随葬品亦明显多于周边小墓。5000年前的红山文化古人，无疑已经学会了区别，以及区别对待，从而形成阶级的雏形，文明的原胎。

红山文化的墓葬另有一独特之处，即只随葬玉器。这与中原地区新石器时代墓葬中普遍随葬有陶器，亦迥然不同。其墓葬玉器除常见的玉镯、玉箍、玉璧等之外，比较打眼的有玉龟、玉凤、玉人。而其最为夺目的亮点，则是玉猪龙。

牛河梁第4号墓为成年男性，随葬品不多，只有三件，但除了一只枕于头下的玉箍形器，另两件均为珍贵的玉猪龙。两只玉龙安卧于人体胸腔，一大一小，大的10厘米多一点，小的充其量六七厘米；一绿一白，绿的莹澈闪亮，白的泛着微黄；头朝下，背靠背而眠。通体胖嘟嘟，头部肥大，支楞着饱满的双耳，嘴和鼻梁上有活灵活现的皱纹，两只圆圆的大眼睛微微突起，好像在目不转睛地望着人。其神其态，酷似女神庙对面的猪首山。

龙是炎黄子孙的原始情节，其究竟起于何时成于何物，现已难溯其源。历来最流行的说法是闻一多先生的观点。闻先生认为龙是以蛇为主体，再结合兽类的脚、马的头、鬣的尾、鹿的角、狗的爪、鱼的鳞和须而形成——内里没有猪的影儿。

事实上从发现第一块玉雕龙时起，其命名就已被考古界吵得沸沸扬扬。有人认为其形像鹿，有人认为像熊、像金龟子的幼虫蛴螬，甚至像胎儿、像道家的阴阳鱼儿，不一而足。直到2003年10月21日，在距今8000余年的内蒙古敖汉旗兴隆洼文化遗址，发掘出一个由石块和陶片组成的S形动物，静静地躺在一个灰坑里，活脱脱一只巨龙，其龙头部，安放着一只野猪头骨——“玉猪龙”由此叫响全世界，并认为其不仅仅是一种饰品，而更应是一种图腾物。

玉猪龙大体可分两类：一类体形细瘦，长鬃飘飞，形似英文字母“C”，称“C形龙”，红山文化另一处遗址——内蒙古三星他拉出土的大型玉龙即属此类；另一类环体肥厚，形象似猪，称“玉猪龙”。牛河梁出土的玉雕龙均属此列。

红山文化北从西辽河与西拉木伦河流域的科左中旗、开鲁县，到巴林左旗、巴林右旗、三星他拉，再到辽河上游及老哈河、大凌河流域的阜新、赤峰、喀左、建平等地，其文化行程陆续南移，一直到辽河入海口的盘锦。

盘锦于1982年在市郊发现七处红山文化遗址，并于地表采集到彩陶器残片、细石器、玉石斧、磨制石斧、网坠等，至今没有进行发掘，以至再无收获——辉煌数千年的红山文化，据此在长城以北消失了踪影。

然而红山文化一经发现，其文化特征就迅速被世人捕捉。

中国史前集中出土玉器的文化，除红山文化外，还有距今三四千年前江浙一带的良渚文化。两者都有以玉器为陪葬品的特点，其玉璧、玉环、玉龟、玉鸟等玉器均有一定相似性，尤其是红山文化“C形龙”的龙头与良渚文化大目兽的面纹，具有共同的基本构成因素。

遂有学者以此为据，推测后期红山先民迁至盘锦后，曾沿着渤海湾海岸线陆续南移，不断向中原迁徙，从而使长江下游文化面貌剧变，融入诸多红山文化的崇玉传统，最终形成了良渚文化。

进而推出一个足以令世人震惊的结论：史前更为发达的文化，并非长江流域的河姆渡文化和黄河流域的仰韶文化，而恰恰是中国北方辽河流域的红山文化。除长江、黄河之外，辽河，更有充分的理由和证据，成为中华民族的母亲河。

良渚文化之谜

距今5000～4000年的良渚文化与东北红山文化并驾齐驱，使中国新石器时代玉器发展到最高峰。良渚文化于1936年发现于浙江余杭良渚镇（现浙江省杭州市余杭区良渚镇），1959年正式命名，主要分布在太湖地区，南抵钱塘江，北至江苏中部（主要是长江以南）。良渚文化以夹细沙的灰黑陶和泥质次胎黑土陶为主要特征，大量玉器出土也是其重要的特征之一。

太湖地区的玉器，从河姆渡文化、马家浜文化、崧泽文化到良渚文化，经历了一个数量由少渐多制作由粗糙到日益精致，装饰由素面发展到繁复的纹饰，形体由细小而日趋大型化的过程。河姆渡文化和马家滨文化的玉器玉质较为粗劣，硬度不高，均为素面无纹的小件根、管、珠等装饰品制作工艺还很粗陋，一般仍是沿用旧石器时代制造石器的传统工艺，表面磨制较为粗糙钻孔多不准而偏离中心表现出原始特征。至崧泽文化时期，先民们已初步具备鉴定玉材的能力，软玉的使用就是较好的证明，玉器的种类也有所增加，环、斧的出现表明玉器已有大型化的趋向同时也标志着制作技术的发展。鉴于崧泽文化已开始使用硬度较高的软玉制作器物，故推测此时可能已出现了石英砂等介质，从器物表面打磨光滑的程度来看，当时已有了较高的抛光技术，钻孔技术也略有进步。继崧泽文化以后的良渚文化，其玉器在数量、质料、造型、纹饰、制作技术等各个方面都发生了巨大的飞跃。数量自不必说，质料虽颇庞杂，但绝大部分为质坚色美的透间石、阳起石软玉，另外还有一部分是硬度为4的蛇纹石玉。良渚文化玉器的制作工艺也取得了长足进步，石英砂已被广泛运用，考古工作者在寺墩良洛文化墓中已发现可以琢玉的石英砂，管钻法已普遍运用到钻孔技术中，在良渚文化墓中就曾发现有管钻剩下的棕蕊。这时琮、璧等大型玉器的孔壁上留有螺旋纹或垂直的台阶痕迹，这往往主要因为玉质坚硬对工具不断磨损以及钻孔时对位不准造成的。小件器物一般使用程钻，但由于工具的磨损总会造成进孔处较大，越深则孔越小，这是金属钻孔工具出现以前的一个重要特征。根据对良渚玉器的工艺的考察，此时很可能已出现了旋转性的原始砣具。

20世纪50年代以来，随着考古工作的进展，在江苏吴县草鞋山、张陵山、武进寺墩，浙江嘉兴雀幕桥、杭州水田贩、上海县马桥，青浦县福泉山等良渚文化重要遗址中已出土数目多至上千件的玉器，其玉质之精美，品种之繁多，技术之精湛，令人赞叹不已。

良渚文化玉器大多失去了原有的半透明光泽而呈粉白色，这是因长期埋于地下受侵蚀所致。

福泉山墓地出土的唯一一批受侵蚀较小的玉器，其颜色呈黄绿色和黄褐色，一些玉器经鉴定属透闪石—阳起石系列软玉，少数为叶蛇纹石、和石英，玉料的来源应是就地取材。

良渚先民在治玉技术上普遍采用沙解法，即用沙和水加解玉工具通过摩擦来切割玉料。从玉器留下的痕迹观察，当时以片状硬性物件作直线运动为特征的领切割和以弦状硬性物件作弧形运动为特征的线切割两种方法结合，运用于玉器的镂孔。玉器上细密的阴线花纹，主要是用手工直接雕刻的这些细若游丝的阴线往往由若干条划痕拼组而成。玉器雕成后，表面还要打磨光滑达到光可鉴人的效果。良渚文化的琢玉技术代表了新石器时代用玉工艺的最高水平。

良渚文化玉器种类按照器形来分有球、璧、冠状器、三叉形器、柱形器、锥形器、锄、半圆形饰、琐、牌饰、串饰、新月形饰、动物形饰、带钩、钺、端饰和柄形器等。从用途来看，璧、琮、冠状器、三叉形器、镇为礼器，是史前时代人类用来崇拜神灵的利器。这标志着当时部分玉器已开始脱离现实生活，逐步被蒙上神秘的面纱而走上神坛。

良渚玉器气势雄伟，讲究对称均衡，给人一种庄严肃穆的感觉，其表现手法以阴刻线为主辅以淡浮雕，并出现了圆雕、半圆雕、镂空等难度很大的手法，饰纹已采用立体纹、地纹、和装饰效三位一体，称为“三层花”，即第一层用阴刻线刻出云纹，直线、涡纹等为底纹，然后用浅浮雕的手法表现轮廓，最后再以阴刻线在凸面表现细部。如良渚玉器的兽面纹常以单（双）阴线刻的圆圈象征眼睛，两眼之下用淡浮雕出路呈长方形界，其上增配桥状隆起，似如鼻梁，少数在颏下阴刻出嘴部；或再以弧线勾勒出脸庞，嘴部有牙者易呈圆角长方形，有眼睑和鼻梁或额，无牙者，易呈蒜头形，无眼睑和鼻梁或额。纹饰着重强调图像头部结构；尤其是以图纹为中心刻画出具、牙齿成图时多采用正视投影。为解决背面平面形象的呆板，设计者匠心独运地采用两个侧面表现立体图形的方式，将原本单调、呆板的背面形象表现得面目狰狞、变幻莫测，令人悚然而惊，称其为“狰狞的美”或“狞厉的美”，是很恰当的。

1986年和1987年发掘的浙江余杭山和瑶山良渚文化墓葬出土的新型玉器，使我们对良渚玉器有了更深入的认识。这些玉器除常见的琮、璧。锡等器形外，还见有组装件、穿缀件和镶嵌件三大类。组装件是把不同的玉部件，如杖首、提手、盖、塞地用样铆等贯穿的形式组装成一件器物，穿缀件是以贯穿或缝缀等形式将各类玉饰件组成一起，如串璜、管、珠、坠等；钱嵌件是将很多细小的无孔玉粒及一些玉件用黏合等方式装饰在器物上。镶嵌件开我国镶嵌技术之先河，充分显示了我国古代劳动人民的聪明智慧。这个发现具有重要的意义，它揭示了许多先前零散出土而不知其结构、名称和用途的玉件的本来面目。

良渚文化玉器对周围地区文化的玉器产生了巨大的影响，西达长江中游的大溪文化（6000～5000年）南到珠江流域的石块文化（5000～4000）年发现的琮、璧等玉器与良渚文化玉器有着极深渊源。而它对北方黄河流域的影响更是至深。商玉器的种类很多都可以在良渚文化玉器中找到原型，特别是良渚文化的兽面纹和玉石镶嵌技术不仅完全被商代所吸收，而且对商周青铜器制造产生了一定影响。目前学术界一般认为，良渚玉琮上的兽面纹就是商周青铜器镂台纹的雏形，而玉石镶嵌技术又为商代以后的铜嵌玉的出现定了基础。

奥都威大峡谷之谜

1972年，东非奥都威峡谷热浪袭人，骄阳炙烤着这片起伏的谷地。

峡谷形成于数千万年前，有大量古人类遗骸和工具被埋在地层中间。在近50万年时间里，一条溪流穿过堆积的地层，将遗迹暴露了出来，使它成为一个对研究人类起源有重大价值的考古遗址。

峡谷里，一个白人青年顾不上当头的烈日，贴着滚烫的地面在仔细地寻找着什么。此时他已经闷热得都快要喘不过气来，浑身黏糊糊的，可还得不停地驱赶着大群令人厌恶的苍蝇。

“该死！真不该来这种鬼地方做什么古人类研究！”他不禁心生怨气，这时候要是能够躲进阴凉的树荫下，该有多好。

这位说话的小伙子名叫理查德·利基。

说起“利基”这个姓氏，不能叫人不联想到著名考古学家路易斯·利基。这位自负且固执的英国人在早年就决心在东非寻找早期人类化石遗存，并于1931年首次在奥都威峡谷发现了原始手斧。他认为这些工具是大约100万年前由一个早期人类种属制造的。

尽管他粗枝大叶的工作作风被许多专家批评并视为蛮干，但自1959年夏天起，利基家族的一系列重大发现，却足以让“利基”这个姓氏在考古界闪闪发光。

那年，他的妻子玛丽·利基在峡谷找到了400多块头骨化石碎片。经钾氩法年代测定，该头骨属于一个生活在179万年前大致与人相似的动物。由于它硕大的牙齿像夹子一样，报界称之为“胡桃夹子人”。可惜后来证实，“胡桃夹子人”并不是人类的直系祖先，它其实是人类进化路线上的一个已灭绝的旁支，因此后来被改属南方古猿，称为“南方古猿鲍氏种”。

△ 东非大裂谷

一年后，在距离“胡桃夹子人”不远的地方，他们的长子乔纳森发现了一个大约生活在170万年前的灵长目动物头骨遗存。与“胡桃夹子人”不同，它的脑容量更大，更接近人类。1964年，路易斯·利基和他的同事经过研究后，认为它才是当时业已发现的奥都威工具的制造者，因此把它命名为“能人”，即“有才能的人”。

利基家族的一系列发现不仅为进化论提供了进一步的证据，也有力地支持了人类的“非洲起源说”。

理查德·利基是利基家最小的儿子。尽管从未上过大学，但理查德继承了父亲独立的性格，他加入了一家帮助旅游者徒步穿越东非的探险公司，足迹踏遍了整个东非大地。

面对家族其他成员辉煌的成就，理查德坐不住了，于1968年组织了一支探险队进入东非大裂谷。他选择了奥都威峡谷北端的库比福勒进行了考古发掘。那段时间虽然有所收获，但发现的化石影响都不太大。

1972年，也就是老利基生命的最后一年，理查德终于取得了一项惊人的成就。在特卡那湖附近，他找到了一块属于能人的头盖骨碎片。这一头盖骨比其兄长发现的那个更加完整，也更加古老。在那里，理查德还发现了一些简单的石制工具。

该化石的头盖骨比以往发现的类似化石的头盖骨要大，而且不像其他颅骨化石那样有明显的眉脊骨。尤其令人感兴趣的是，其脑容量要比“能人”多出100毫升。经审慎分析，认定该头骨化石的年代为190万年前，并且“他”已能制造工具。最后，“他”被正式划定为人类的一个新属，即“卢多尔夫人”。

这一成就对老利基而言真是一个莫大的安慰，他的儿子仅用了4年时间，就将人类进化的时间表向更古老的年代推进了一大步！

除了辉煌的发现，利基家族的贡献还包括一种科学的探索精神：他们勇于发现，同时也敢于坚持自己的观点；而当自己的成就被超过时，他们更乐于保持一种开放性的态度。

与此相反，尽管“露西”的发现者——唐纳德·约翰逊取得了更大的成就，但科学精神的缺乏却几乎将他引向歧途：他深知“最古老”一词的价值，因而特别热衷于宣称自己找到了最古老的人类。尽管新的考古发现源源不断，人类历史在今天已经延长到了600万年，他仍沉浸在当年的光辉中。直到1996年，约翰逊在一篇文章中还企图顽固地坚持：“早期人体骸骨露西也许不是我们最古老的祖先，但她仍是我们了解得最多的先人。”这真是一个莫大的悲哀！

安阳殷墟之谜

河南省北部有一条蜿蜒流淌的东西走向的河，这条河称作洹水，它流经河南的安阳市。此河在19世纪末20世纪初鲜为人知，直到1908年考古学者找到震骇世界的甲骨文的出土地点，即安阳小屯，并确认它就是史书上所记载的殷墟时，洹水安阳殷墟才作为华夏考古圣地而声名鹊起。

有人称安阳殷墟为中华考古第一都，殷墟见证了商代晚期灿烂的文化。它的发掘创造了历史上多项“中国之最”和“世界之最”。如果你看完下面的文字，也会感慨：实不为过!

殷墟为都254年，是中国历史最早也是长期稳定的都城。3000多年前，洹水边的殷都亲身经历着各朝的兴衰，目睹着历代帝王的起落。作为中国历史上有文献可考的古代都城遗址，它以宏大的规模、众多的人口和丰富的文化当之无愧地位居早期都城建设水平之首位。

说到殷墟，如果不提及甲骨文，就如舍本逐末。甲骨文是中国发现最古老且较成熟的文字。在当时，帝王用它来占卜和记事。到现在为止，甲骨文出土达约15万片，为学者们研究中国汉字起源和商代的历史提供了宝贵无比的财富。古籍里的“殷踞洹上”也正是因为甲骨文被破解后，才为世人所晓。

殷墟出土的司母戊大方鼎是世界上出土的青铜器之冠，通高133厘米，重875公斤。它那雄伟的气魄实为世间罕见。就因珍贵至极，司母戊大方鼎也是历尽了沧桑颠簸。它曾是侵华日军穷追不舍的对象，也曾是蒋介石庆祝寿辰的寿礼。进过马槽，也经过权贵之手，但最后司母戊大方鼎终于在中国历史博物馆获得了自己安稳的一席之地。

商代国王武丁之妻——妇好的墓也值得一提。这里安葬着中国古代第一位文武双全的女将军，她曾带兵攻打过西部的羌方、北部的土方、南部的八方和东部的夷方。因其功勋卓著，武丁对她宠爱有加，在其死后给予她很高的待遇。妇好的墓规模虽不大，但却是目前发现的商代王室墓中唯一一座没有被盗掘的，墓中出土的1928件形制精美的随葬品，也让世界为之震惊！

如果说以上所举已为大家耳熟能详，那么，现在我们要说明的是，殷墟作为中华考古的圣地，其“宝藏”远不止这些。

在安阳小屯村的西北部有一块高地，南临洹水，被当地村民称为“鬼集”。据说此地经常有鬼魂出没。然而，这处入夜后便无人敢走之地，却是10余座商代王陵和大量祭祀坑所在地。

商代王陵规模宏大，装饰华丽，有如帝王生前宫殿。随葬品十分丰富，人牲、物牲数量惊人。就让我们以上面提到的商王之妻妇好的墓为例，便可见一斑。妇好之墓在所有发现的商代大墓中是规模较小的一座，但是墓中出土了1928件随葬品，其中包括青铜礼器200余件，青铜兵器130余件，玉器755件。不仅随葬品的数量多，那些物品的精美程度更让世人瞠目！

另外，同是在小屯村，其东北部洹水岸发掘出了大量的夯土基址、墓葬和窑穴，这是商王的宫廷建筑，商王以殷为都达254年，其宫廷建筑庞大而宏伟。整个遗址发现有50座基址，其中有的为商人寝宫和接待方国首领、飨宴群臣的地方，有的为宗庙所在地，还有祭坛和供人居住的房屋。

然而，令人遗憾的是，由于武庚叛乱，殷墟毁于战火，昔日繁荣一时的帝都现在仅存一方夯土，但也正是这些夯土和这条浩浩的洹水向现在的人们诉说着昔日帝王之家的威严与气魄。

目前，殷墟考古工作仍在进行。谁都不可以否认的是，一个世纪以来在殷墟的发掘和发现，不仅使殷墟成为中国近现代考古学的摇篮，而且为湮没了3300年的殷商文化提供了一种独有的、科学的历史见证。

殷墟的发现也是中国文化史上的重要里程碑，它以雄辩的事实证明了司马迁《史记·殷本纪》中记载的真实性与可靠性，确定了商朝历史为信史，扫清了人们对三代历史的疑古之风，增强了人们认识三代直至以前历史的信心，殷墟的发现，被列为20世纪中国100项重大考古发现之首。

定陵玄宫揭秘

明代自朱元璋洪武元年（1368年）至崇祯十七年（1644年）为李自成领导的农民起义军推翻，共经历了16位皇帝。其中除了建文帝朱允炆被逼走，下落不明，太祖朱元璋葬孝陵、景泰帝朱祁钰葬金山外，其余13位皇帝均葬于北京昌平县北的天寿山南麓，合称十三陵。

20世纪50年代中期，一项考古计划曾试图解开十三陵所有的秘密，而最后，只有一座陵墓的地宫被成功地打开，那就是定陵。陵墓的主人是明朝第十三代皇帝朱翊钧，他生活在16世纪末到17世纪初的明朝末期，因为他在位的年号是万历，又被称为万历皇帝。

定陵是万历生前为自己建造的陵墓，定陵始建时万历皇帝才21岁。为什么皇帝年纪轻轻就为自己建造起陵墓来?

1582年，被万历视为心腹的元辅张居正溘然长逝，这令万历皇帝悲不欲生。而令万历更为头疼的是，张居正去世之后，以前的反张势力便展开了声势浩大地参劾张居正的活动，张居正被“反张派”认定为“巨奸大猾、伪君子、独裁者”，这让万历于情于理都无法接受。正在这时，大学士张四维提议建造寿宫，以此来分散皇帝对张居正事件的不快，这座预筑的皇帝的陵寝便是定陵。

话说回来，在经过中央的批准后，定陵的试掘工作于1956年5月开始。

考古人员从定陵宝城东南侧有几块脱落的砖中发现了一处券门。经过在正对券门的位置上挖深沟，发现下面有用砖砌的隧道。追踪这条隧道的方向挖到7.5米处时，考古人员发现了一块小石碑，上面刻着“此石至金刚墙前宽十六丈深三丈五尺”。

一年以后，碑上所记的“金刚墙”终于被找到。这等于是找到了陵墓的

△ 定陵地宫

大门。

当定陵地宫的大门被打开的一刹那，考古人员回忆道：“地宫里面太寂静了，静得让人心里发慌，一股难以名状的恐怖与凄凉之感渗入骨髓……”

进入地宫，这座富丽堂皇的皇陵地宫的真实面目终于展现在人们的面前。

这是一座全部用巨大的条石砌成的石头宫殿，由5个高大的殿室组成，分别是前、中、后殿及左右配殿。如果将隧道全计算在内，整个地宫总面积近1200平方米。

当考古人员穿过长长的前殿和漆黑的中殿，来到相当于皇帝生前居住的寝宫的后殿。

万历皇帝和两个皇后的棺椁置于后殿的棺床上。移开沉重的棺木，考古人员打开了这位神秘皇帝的棺椁，其间奢华，可见一斑。这实际上是中国第一个也是迄今为止唯一一个被考古学家打开的皇帝棺椁。

万历皇帝棺内最上层为织锦被，被子下面放有素黄绫制大袖道袍及中衣、龙袍等，其下为缂丝十二团龙十二章衮服龙袍。由于这件衮服是目前所见唯一缂丝服制品，因而弥足珍贵。万历皇帝尸体以锦被包裹，身着龙袍，腰佩玉带，头戴翼善冠，足蹬红素缎高筒靴。身下排列几十卷织锦匹料，织锦下面为金锭。

孝端皇后头戴黑纱尖顶棕帽，上插金簪、金钗，上身着绣龙方补黄绸夹衣，下身穿黄色缠枝莲花缎夹裤，腰系绣云龙纹长裙，足穿黄缎鞋。其身下为织锦缎被和褥垫，其中一件上缀有百枚“消灾延寿”金钱。

孝靖皇后棺中与孝端类似。棺椁之间放有青花瓷及玉料等，上面则放置着木制明器仪仗模型。

据有关文献记载，孝端皇后是先于万历皇帝15天去世的，还未来得及安葬，神宗便病故了。神宗和孝端的后事落到了即位的光宗朱常洛身上。但天有不测风云，在预定的下葬日期之前，光宗又驾崩。此时，皇宫中乱成一团，神宗皇帝的丧礼是在一团混乱中举行的，这从后来发掘的棺床旁的随葬器物上的绳索痕迹可以看出，另外有的木杠还没有撤下。

万历皇帝朱翊钧是明代第13位皇帝，他9岁即位，在位48年，是明代在位时间最长的一位皇帝。而定陵的修建历时六年，耗银800余万两，建筑相当奢华。地下宫殿规模宏伟，晶莹富丽，古朴典雅，工艺卓绝，历经三百余年却片石无毁，坚固异常，不愧为我国古建筑中的一颗明珠。

令人遗憾的是，几经破坏之后，定陵的地面建筑在发掘前已经由原来的富丽堂皇变成了满目凄凉，它以连同地下的定陵地宫在向人们诉说着明朝的盛衰兴亡。

马踏飞燕之谜

1969年9月10日下午，甘肃省武威地区金羊乡新鲜大队的民工，在武威县北郊一千米处雷祖庙的雷台之下开挖战备地道时，无意间挖掘出了一座东汉的将军墓。民工们钻进墓穴寻宝，除了一些“破铜烂铁”，结果什么也没有发现，于是便抡起锄头要砸“破铜烂铁”。幸好人群中有一位回乡知青挺身而出，制止了这种疯狂的行为。但他终究未能阻止众人要把“破铜烂铁”送往废品收购站的意见。情急之下，这位回乡知青给县文物部门打了电话。文物部门立即派人把文物从废品收购站收回，接着又清理了这座残墓。

墓中出土的文物共计231件，其中有三颗铸有“将军”字样的银印和一支雄伟壮观的仪仗队，包括马38匹、牛1匹、车14辆，手执矛、戟、钺等兵器的武士俑17件，各式立坐奴婢、牵马俑29件，共计99件青铜器物分成若干组而形成一个完整的仪仗队伍。在仪仗队伍的最前面带头的，则是一件飞奔中的马——奔马身高34。5厘米，身长45厘米，宽13厘米。形象矫健俊美，别具风姿。马昂首嘶鸣，躯干壮实而四肢修长，腿蹄轻捷，三足腾空，飞驰向前，一足踏飞燕着地。一匹躯体庞大的马踏在一只正疾飞的小燕子背上，小燕子吃惊地回过头来观望，表现了骏马凌空飞腾、奔跑疾速的雄姿。其大胆的构思，浪漫的手法，给人以惊心动魄之感，令人叫绝。唐代诗人李白《天马歌》中“回头笑紫燕”一句，与此可说是不谋而合。艺术家巧妙地用闪电般的刹那将一只凌云飞驰、骁勇矫健的天马表现得淋漓尽致。该作品不仅构思巧妙，而且工艺十分精湛：不仅重在传神，而且造型写实。按古代《相马经》中所述的良马的标准尺度来衡量铜奔马，几乎无一处不合尺度，故有人认为它不仅是杰出的艺术品，而且是相马的法式。

古代设计师以娴熟精深的技巧，把奔马所具有的力量和速度融合成充沛

△ 马踏飞燕

流动的气韵，并浑然一体地贯注在昂扬的马首、流线型的身躯和四条刚劲的马腿上。虽然它全身的着力点集中于一足，却完全符合力学平衡的原理，在三维空间达到了“形神兼备、气韵生动、形妙而有壮气”的完美境界。那浓厚的浪漫主义气息，曾使得一代诗人郭沫若深深折服。当场挥毫泼墨，写下了“四海盛赞铜奔马，人人争说金缕衣”的豪迈诗句，并为其命名“马踏飞燕”。后经郭老推荐，外交部长陈毅安排铜奔马与一批国宝级文物一起，赴世界各地巡回展览，发动了一场“文物外交”。在美、英、法、日、意等国家展出期间，观众如潮，将它誉为“绝世珍宝”、“天才的中国马”。这只铜奔马还被有关部门确定作为中国的旅游标志。从此，铜奔马名扬世界。

事实上，天马在汉代具有崇高的政治象征意义。汉武帝为维护和加强自己的统治，极力敦促臣民向“天马”神祇顶礼膜拜，在全国掀起“马图腾”

的热潮。汉武帝《西极天马歌》云："天马来兮从西极，经万里兮归有德，承灵威兮降外国，涉流沙兮四夷服。"千古时空交替，物质已逝，精神却永流传上，这句话最能说明汉代的文治武功及政经状况。

汉代乃是我国开疆拓土、抵御外侮的辉煌年代，汉高祖的亲征，文景的盛世，武帝时卫青、霍去病等的开通西域，使得西域各国慑服于大汉天威，而纷纷遣使通汉，广开经贸的交流大门。在这种时代背景下，这批雷台汉墓出土的青铜陪葬器物，不仅是一批非常优美的古代艺术作品，更重要的是在近两千年之后，还能见到汉代马的精神面貌，这不能不说是我国科学技术史上的一次惊人发现。

在铜奔马出土的20年间，史学界对其设计制造者，莫衷一是，一直不能认定。直到1989年，甘肃武威的两位青年文物考古工作者董洪、白明，经过实地考察和深入研究，终于认定南阳析县（今河南省南阳市西峡县，古称析县）人张江是国宝"马踏飞燕"的设计创制者。清人张澍所著《凉州府志备考））,其中所记东汉时期在凉州任职的唯一"侯"兼太守就是张江。他被封为南阳析侯——"析"即析县。因奋勇抗敌，保疆有功，又被封为"破羌将军"。东汉时，凉州张掖盛产铜，凉州的冶铁技术也达到相当的水平。60年，张江由武威太守被封侯后，为表达对汉明帝知遇之恩的效忠之心，受西汉东门京和东汉马援将军进献"名马式—铜马法"的启迪，打算为明帝铸造铜马贡品。他仿照易象太极图，确定了中心意旨，喻"乾坤轮回，小弱胜强"。启示明帝效汉武帝，重振雄风，打垮匈奴与羌敌。当此铜奔马送到京城洛阳时，明帝十分喜爱，特迎置于平乐观，史称"凉州贡马"。不幸的是，此铜马后在董卓叛乱、攻陷京城时被毁。后人惋惜不已。不想昔日张江铸两套铜奔马。一套进奉，一套自留欣赏。死后私置墓穴中。今日出土，成为光照古今中外的国宝，也成为我国灿烂古代文明的真实写照。

毛公鼎的传奇经历

1843年冬天一个寒冷的夜晚。陕西西安偏僻小巷的一个小铁匠铺里，锻炉火焰熊熊，铁锤敲打之声盈耳。

这时候从外面走进两个人来，看模样是一对兄弟。这两人进来后，目光就在那一堆堆的破铜烂铁上转来转去。猛然间眼前一亮，一件绿锈斑驳的铜器映入眼帘。两人不动声色地走上前去，细细地打量起来。这是一件古铜鼎，除了外面有漂亮的花纹外，里面还有密密麻麻的蝌蚪文字。两人找到老板，指着铜鼎问：

“那件东西化了干啥？”

“做门扣。”

“做出来的门扣值多少钱？”

“30两银子。”老板狡诈地笑道。

两人交换了一下眼色，掏出30两银子递给老板：“这是30两银子，请过目。”

“天价！”老板喜出望外，挥挥手说：“你们扛走吧。”

这两人还真是一对兄弟，老大叫苏兆年，老二叫苏亿年，在西安城里开了一家古董店。今天他们无意中“捡”回来的这件铜鼎，却是一件价值连城的国宝。

这件铜鼎，就是我们今天所知道的现存铭文最长的“毛公鼎”。它上面共有铭文32行，499字，记录的是周宣王对大臣毛公的册命，对于研究周代历史有着十分重要的史料价值。它与散氏盘、虢季子白盘一起，并称为西周三大青铜器。

苏氏兄弟得到毛公鼎以后，立即拓制了一些拓片，向金石收藏家们广为推荐。其中包括当时有名的金石学家、古董收藏家陈介琪。陈介琪几经周折，10年以后以重金购下，终于得偿夙愿。

△ 毛公鼎

陈介琪得到毛公鼎后便密藏起来。每当有人问及，他总是三缄其口。即使是毛公鼎的拓片，能见到的人也不多。惟其如此，当时在古玩市场上，一张毛公鼎的拓片也价值不菲。

据说有一次陈介琪的女婿进京赶考，来找岳父大人借钱。陈介琪问他需要多少钱，回答说要400两银子。陈介琪二话没说，进书房拿出几张纸交给他说："你拿上这个，到京城后自然就有钱了。"女婿接过纸来一看是几张毛公鼎的拓片，心里很不高兴。进京后不久，带的钱花光了，只好拿出那几张拓片变卖。谁知拓片才亮相，便有许多人前来争购，很快几张拓纸就换回几百两银子。此时才知岳父并未骗他。

1882年，陈介琪驾鹤西归，遗命毛公鼎由二子陈厚滋保管。陈厚滋恪遵父训，同样将毛公鼎贮之密室。陈厚滋死后，毛公鼎传给了儿子陈孝生。然而孝生不孝，将祖训置之脑后，于是毛公鼎也就泰极否来，厄运当头了。

陈孝生想发家致富，可是苦于没有门路。正在这时，有人将乌纱帽拱手送上门来。此人亦姓陈，是前来为端方做说客的。

原来此时端方正有广收天下宝器以贮之之意。对毛公鼎也是久已闻名。陈子久投其所好，遣其子前往陈家说项，除白银1万两外，并诱之以一年任期的湖北省银元局主管。陈孝生掂量一番后，将毛公鼎转手给了端方。殊不知银元局主管只不过是诱饵而已。鼎已到手，自然再没有人提及此事。陈孝生

△ 毛公鼎内铭文

自知上当受骗，羞愤之下，一病不起，撒手人寰。毛公鼎之后又几经转手。直到抗战胜利以后，才再次在上海露面。得到毛公鼎的是一位发了国难财的商人。他为了保住已得的利益，将毛公鼎送给了国民党军统头子戴笠。时任国民党教育部社会教育司代理司务的徐伯璞曾经期望以舆论的力量使戴笠交出这件国宝，结果无功而返。

1946年戴笠坠机而死，其部下按照“上海敌伪物资管理委员会”提供的清单，清查戴笠生前侵占的国家资财时，发现清单的第一项第一件东西便是“毛公鼎”，可找来找去却怎么也找不到，最后在军统杜美路办事处三楼的办公室里，发现一个用来烧废纸的香炉，它就是国宝级文物——毛公鼎。

徐伯璞知道此事后，立即亲往上海同“上海敌伪物资管理委员会”进行交涉，将毛公鼎带回南京。1946年7月，他郑重地将国宝交给了当时的中央博物院。院长李济博士为感激他的努力，特意赠给他一张毛公鼎铭文拓片。拓片上有曾任武汉大学校长的著名法学家王世杰先生的题字：“毛公鼎为周宣王时器，四百九十九字，文辞瑰丽典雅，为吉金之冠。……一代重器得为国家永保，欣喜之余，谨勒辞以记之。王世杰敬识。”

新中国成立前夕，毛公鼎被运往台湾，现藏台北故宫博物院。

开罗古老的纸莎草纸画之谜

由于纸是中国的四大发明之一，所以很多人认为中国人是纸画的鼻祖。

其实，早在1898年，考古学家们就从开罗附近法老的墓葬品中，发现到绘制精美的纸画了。这些纸画距今至少有5000年，也就是50个世纪！遗憾的是，很多人对此一无所知。

古埃及人这种纸画所采用的纸，与中国东汉宦官蔡伦用树皮和麻布做原料来制造的纸完全不同，它是直接取自尼罗河三角洲生长的一种水草，名叫Papyrus，一译纸莎草，一译纸草。这种草丛生着修长的叶子，中间伸出一根根大拇指粗的很长很长的茎杆，最长达5米，顶端开花，状似灯芯草。古埃及人便用刀割下这茎秆，切成一段段，削去绿色的外皮，再将里边甘蔗一般白色的茎心切成极薄的片儿，浸泡在水中；6天之后取出来，用圆形木棍擀去茎片里的水分和糖分，以防生虫，然后把这些薄薄的茎片像编竹席那样编成一张张，放在重物下轧平，便成了一种草制的纸，也称纸莎草纸，或草纸。

这种草纸光洁柔韧，富有弹性，纸面上有草茎的纤维经纬交织，非常美观。而且纸莎草纸经过编织与粘接，可以很大。在出土的纸莎草纸中，最长的竟有40米。它的使用价值自然也就很高。

自从古埃及人发明和创造了可以书写和绘画的纸莎草纸，致使他们的文化更加灿烂辉煌。他们的生活、事件、思想、宗教，得以记载下来。历史有了记录，文化有了积累，终于也有了珍贵的文献传之后世。

古埃及的象形文字和祭司体文字都必须由一种具有高度书写才能的书记官来完成，这些书写在纸莎草纸上的古代书法，还是美轮美奂的艺术品。同时，富于才华的古埃及人，又将他们画在石壁上、泥板上和陶片上的美丽的图画，搬到纸莎草纸上来。由此而诞生的纸画便成了古埃及艺术最富魅力的

△ 埃及的纸莎草纸画

形式之一。

纸莎草纸天然是一种棕色，或深或浅，偏黄偏红，很像中国古画年深日久之后那种颜色，古雅又柔和。古埃及最早使用的书写墨水是黑色与红色。红色如同砖红，黑色相当于中国的墨色，用以勾勒形象轮廓。

古埃及的纸画以线描为主，力求勾画准确；线条中间平涂色彩，这些颜料都是使用动植物和矿物的原色，故而绚丽明朗，富于装饰意味，与早期中国工笔重彩十色酷似。还有，他们使用的笔也是用这种草茎削成的，茎垂直柔软，因此线条很少尖锐锋利，也缺少中国的毛笔那样丰富的变化与表情。然而，艺术总是在限定中创造自己。为此埃及的绘画才分外的简洁、凝重和古朴。

世界上一切民族的形成、存在和繁衍，都离不开水的恩泽。对于几乎整个被黄沙覆盖的埃及，尼罗河里流淌的全是圣水。蓝幽幽的波涛冲开茫茫沙海，并在它两岸催发出生命的绿意。它不仅给埃及人带来果腹的食粮和遮体的衣棉，还滋养出这种使埃及文明大放异彩的纸莎草。他们的纸和笔全来自这种奇妙的草啊！埃及人感激上苍的这一恩赐。纸画中便常常可以看到被他们奉若神明的纸莎草的形象与图案，连卢在索神庙巨大石柱的柱头，也雕刻着绽开的美丽的纸莎草花……

古埃及的文化在阿拉伯征服后渐渐消失，纸画也随之消亡。直到1798年拿破仑的军队入侵，古埃及的文明便被重新发现并由此惊动了欧洲。一百多年来，随着西方考古家蜂拥到达埃及，发掘法老墓葬，纸画才得以重见天日。但此时它仅仅是珍奇的历史文物，古老的造纸技术却久已失传，世上无人知了。

幸亏近代有个名叫哈桑·拉加卡的埃及人。他在1956年5月中埃建交后曾任埃及驻华大使，并与周恩来一辈领导人情谊笃深。拉加卡对古代的纸莎草纸有特殊兴趣。1968年退休后，潜心研究纸莎草纸制造技术，并终于找到了古人的方法，货真价实的纸莎草纸重新被仿制出来。他还将古埃及的绘画成功地再现在纸莎草纸上。使阔别已久的纸画重获新生。如今在埃及已经可以买到这种绘制精美、风情别样的纸画了。

从公元之始，随着法老时代的结束，纸莎草纸的制造中断了2000年。这期间正是中国的造纸技术通过丝绸之路传到了西亚、近东和欧洲，其中也包括埃及。古埃及的造纸是把植物直接捶压成纸，古中国的造纸却是将树皮和麻布漂洗和粉碎，先制成纸浆，再造为纸。在原理上它们的相同之处是，都利用了植物的纤维；不同之处是，一个对原料直接利用，一个分解和再造。

应该说，古代人类的造纸有两个源头，分别是埃及和中国。由于古埃及历史中断，造纸技术一度失传，对人类文化的发展则失去影响；中国的历史却延绵不断，造纸技术传布世界。近代世界的造纸的原理便源于中国。

尽管古埃及的纸莎草纸非常原始，但它毕竟是人类最古老的纸。那么埃及人画在这种纸上的画，也应该被认为是最古老的纸画了吧！

“圣井”之谜

在今天看来，奇琴·伊扎的“圣井”只不过是两口废弃的水井，井壁风化剥蚀，井水在幽绿的色泽中闪烁着棕色和血红相间的颜色，井下曾经填满了珠宝玉器和不幸被推下井来的人牲，而如今，只剩下淤泥杂草……谁能联想到，它曾被赋予了那么重要的宗教功用和神秘色彩？地处尤卡坦半岛北部干旱地区、辉煌的奇琴·伊扎城就建在两个大型石灰岩蓄水池边上，开口呈50～63米的略不规则的椭圆，井壁陡峭，一层一层的岩层叠压在一起，仿佛是一道道密排的环圈。从井口到水面有20多米，水面之下到井底也有20多米深度。这两口天然井成了玛雅人的“圣井”。奇琴·伊扎若逐字转译，即是“伊扎人的井口”。

这两口圣井中，南井为饮水井，北井则为玛雅人祭神专用的“牺牲之井”，也有一种说法，圣井只指北井。传说每逢旱灾之年，玛雅人便在祭司带领下前往圣井，献上丰盛的祭品，甚至包括活生生的美丽少女，祈求井底诸神息怒。1877年，美国探险家爱德华·H·汤普森打捞了这口圣井，一眼望去，这是一个装满脏水、石块和千百年积下的烂草枯木的黑洞。从井底臭气熏天的淤泥里，一件件期盼已久的珍宝露面了，有玉石、金饰、花瓶、和翡翠碗等，伴随着它们的，是一具具少女骸骨。这一切都证明那古老的传说其实是千真万确的史实。

“圣井”的神秘价值在于当把它们连成一条直线时，那座被称为“螺旋塔”的天文观象台的顶部，恰恰在这条直线的中部，而且非常准确，两口井距天文台的顶部都是984码！

关于圣井，它还有一个令人惊心动魄的神奇传说：

11世纪初，玛雅潘、奇琴·伊扎、乌斯马尔三城结盟，玛雅历史开始三

△ 奇琴伊察遗址中的羽蛇金字塔

雄鼎立、合三而一的进程。几个世纪的角逐、融合的结果，就是使这一地区因最强盛的玛雅潘而得名。故事还得从头说起，这一系列历史偶然事件都可以归到一位史诗人物名下，而他传奇的经历就发端于奇琴·伊扎的圣井。

每当饥荒、瘟疫、旱灾等情形出现时，玛雅人就要把活人投进井里，或者叫做请活人前往“雨神之家”去“询请”雨神的谕旨。通常玛雅人是在清晨把作为人祭的少女投进井里，如果她摔进水中很快溺死，那么，人们就感到非常失望，哭号着一起向水中投石头，因为神灵已经把不祥的预兆昭示给他们。事情的奇特在于人牲还有生还的可能。假如从清晨到中午，井中的人还侥幸活着的话，那么上边的人就会垂放下一条长绳，把幸存者拉上来。这个生还的人从此备受崇敬，被认为是雨神派回来的“神使”。

12世纪后期，有一位名叫亨纳克·塞尔的男子就因投井不死而被奉为“神使”。他甚至去做了玛雅潘的最高掌权者。这让人想起中国古代的类似传说，据《尚书》记载，中国在尧统治的时候，有一位叫做重华的人，被投到荒山野林里，风雨雷震、毒虫猛兽都没能加害于他，于是人们普遍认为他的才德感召了上天，受到神的眷爱，尧也把帝位传给了他。这就是中国历史上著名的禅让制，重华也就是后来的舜——三皇五帝之一。

玛雅世界的亨纳克·塞尔也一样，他经过验证的“神使”身份，使他成为玛雅政治史上不可多见的显赫人物。他把玛雅潘变成了尤卡坦半岛上最强大的城邦国家，而且他的帝国化努力也有了初步成果。1194年，亨纳克·塞尔的玛雅潘武装攻占了奇琴·伊扎城，血腥地镇压了当地居民的反抗。接着，他又征服了另一重要城市乌斯马尔。玛雅奴隶制政治实体的雏形已经呼之欲出，甚至今天我们把几十万平方公里的土地称为玛雅地区，把共有同一类型文明的这些人民称为玛雅人，都应归之“神使”亨纳克·塞尔给玛雅潘这个城市带来的力量和突出地位。

这位圣井中来的“神使”由于自己并非贵族出身，所以给玛雅潘添加了世俗的色彩。除了建造高大的祭祀坛庙之外，他还全力修建世俗权力人物的豪华宫殿，其中包括复杂的立柱厅房，有众多舒适的房间，装饰华美，设施齐全，以“宫殿”命名。这种世俗性的大型建筑在玛雅地区其他众多遗址中是难以见到的。玛雅潘的统治大权落到了非宗教祭司的世俗军事新贵手中，这使玛雅社会的组织体系、社会性质发生了微妙的质变。

或许可以作这样的猜想，玛雅潘的政治领袖亨纳克·塞尔其实并没有那一段神奇的经历，所谓从奇琴·伊扎“圣井”中死里逃生的故事，乃是他编造出来的神话，用以证明他统治的合法性。这是不难想见的惯用伎俩，古今中外的事例不胜枚举。玛雅人的宗教神秘文化需要这样的“神话”，他们的人民甚至会自觉自愿或下意识地为他们的军事政治强人编织一段“神使”的传说。

印度河畔的古国之谜

4500年前，哈拉帕和摩亨佐·达罗等城市在印度河谷地区，富庶繁荣，盛极一时。这两座城市有可与现代工程媲美的排水系统，还有按照方网格设计的整齐街道，不愧为城市设计的杰作。建造这两座城市的人民，也建立了一个帝国。但是他们的社会组织、宗教信仰和风俗习惯，全是个谜……等到有人能辨认他们那种奇怪的象形文字时，才有希望解开这个谜。

在维多利亚女皇时代，兴建一条铁路就是进步的象征。这是使一个国家进入现代化的建设。19世纪印度兴建铁路时，竟然出乎意料地揭露出不少古代秘密，把印度文明的起源向前推了约2000年。

东印度铁路公司的工程师，约翰·布伦顿和威廉·布伦顿兄弟，在印度河谷砂质冲积土壤上铺设轨道时，遇上了困难。据约翰事后追记，1856年“我一再动脑筋想着怎样去找这条铁路路基需用的道砟”。随后他听说，距铁路线不远的地方，有一座名叫布拉明纳巴德的古城遗址。他前往巡视，发现该城用烧制精良的硬砖建造。他又说，离去时“我深信这里就是个大石场，有我需要的道砟”。这样一来，布拉明纳巴德就变成了目前这个破烂的样子了。

在北面，威廉那段铁路线到达另外一座古城遗址附近。古城遗址上的砖，早已被人拿去建造了现代的哈拉帕村。古城只剩下几座光秃的土丘。威廉也仿效哥哥约翰的方法，搜寻史前哈拉帕废墟残余的砖头用作道砟。结果他们所费无几，就得到建造148.8公里铁路所需的上好道砟。

除了砖以外，工人还掘出少量古物，包括用冻石刻的印章。其中一枚印章引起亚历山大·坎宁安爵士的注意。坎宁安是一位将军，也是考古学家，1856年到过哈拉帕。那枚印章上刻着一只公牛和一种陌生文字。这位将军认识到这是项重大发现，不过直到1872年担任“印度考古查勘团”团长时，才能到那个地区去进行发掘工作。他这项发现的消息则迟至1875年才公布，距离实际发现时间已将近20年。事后，考古工作销声匿迹，没有人再加以理会。

1920年以前，一般专家都认为印度文明的起源，应该在公元前327年亚历山大大帝远征印度大陆前的数百年间。已知印度最早由村落发展为城市的遗迹，是立查格里哈那些不用灰泥垒石而成的大石墙。学者推定其年代为公元前6世纪。

20世纪初叶，印度考古学家约翰·马歇尔爵士把坎宁安将军的印章和哈拉帕的其他古印章加以比较研究。由两者的特点看出，哈拉帕文明的年代要比过去想象的更古老。1920年，马歇尔派了一位印度考古学家雷·巴哈杜·达雅·拉姆·萨尼，着手发掘哈拉帕那些土丘。这位印度考古学家的发现，替马歇尔的论断找到了证据。马歇尔曾断言，亚历山大大帝入侵之前，“印度有过一个灿烂辉煌的文明，历时至少一千年之久”。当时还没有发现比拉查格里哈那些大石墙更古老的建筑物，因此尽管马歇尔的论断极为大胆，他的估计还是把印度的文明估迟了一千多年。

1022年，马歇尔队中的另一位印度考古学家，在哈拉帕以南大约560公里的摩亨佐·达罗（死者之冢）开始发掘一些大土丘。这两个地方的发掘工作，一直进行了几年，终于发现两座古城的遗迹极为相似，显然同属一种文明的遗物。在印度传说中，还没人提过这种文明。

现在看来，这个文明似在公元前2500年发端，到公元前1500年左右没落。这两座主要城市所遭遇的命运，显然并不相同。虽然有证据显示，它们那些复杂的城市建设、惊人的社会和经济基础，都是蓦然出现的，但是这两座城市似乎在这个文明没落前已遭放弃，时间大概早在公元前2000年。可惜，现代考古学家对这两座城市在什么情况下趋于没落，仍然得不到确切的答案。

这个文明称为印度河文明，印度河孕育这个文明，或许也毁灭了它。这个文明也称为哈拉帕文明，因发现的第一个城市遗址而得名。这个文明在全盛时期，传播很广，远达印度河谷以外的地方，范围比现今在美索不达米亚地区的各国总面积或旧埃及王国大得多。

数十年来，在发掘这个文明的遗迹时，许多谜团相继出现。就像一个庞大的拼图游戏，每一项新发现，非但不能提供线索解决全盘问题，反而因为引起新见解而使问题更加弄不清楚。每项解释总有疑点。发掘出来的是什么建筑物和有什么用途，发现的文字，以及这个社会的经济、社会和宗教概况等，无一不是个难解的谜。还有一个问题就是，这样一个组织健全的文明，为什么会突然兴起，然后又神秘灭亡？

哈拉帕和摩亨佐·达罗各占地数百英亩（1英亩=4047平方米），是已知印度河文明中的两个最重要城市。此外，还有近百个已知的遗址，或同属印度河文明，或曾深受其影响。这些遗址中，极少有超过24英亩的。大多数位于今日的巴基斯坦，也有些在印度。

至今已发掘过的遗址中，看得出发展的步骤大致相同。这种相似的现象表示印度河文明是一个整体。这种发展的步骤，在摩亨佐·达罗还没找到确实证据，原因是该地低层深埋在泡水的淤泥里，还未进行发掘。但是在隔河相对的科迪吉，发展过程的完整遗迹已经发掘出来了。

印度河谷人类聚居的地方，设计很有规律，街道垂直相交。建筑物设计及建筑材料，完全以实用为目的，装饰物不多。较大的城镇似乎都划分成若干区，每区居民以从事某一行专业工人为主。

由此可以断定，在建造城市前，已经作过颇为全面的构想，不容增减或修改。卫生及公用设施方面，都经过周详的考虑。总而言之，印度河古城是城市设计的最早实例。

哈拉帕靠近印度河支流拉维河的旧河道；摩亨佐·达罗则在印度河旧河床的岸边。这两座城市的设计和方位大致相同。西面都有一个长方形高丘，东面都有一个较低、较宽、不大等边的土丘。大多数居民可能住在东部地区。

西面那些较高的土丘似是政治中心和宗教中心，不过是什么形式的宗教和政体就不得而知了。在摩亨佐·达罗发现过一些奇怪的建筑物，其中最特殊的，无疑是“大浴池”和“粮仓”。大浴池大致是长方形，长约6米，宽约12米。最使人惊讶的就是浴池的注水排水系统和砌砖的精细接缝。浴池底部和四边的砖块，都用石灰浆砌合，外面涂上一层沥青，然后再砌一层砖块。这样就可以不漏水了。浴池周围有一圈小盥洗室，各室一边设有狭窄的进口，室内地面建造精细，与环绕浴池的排水沟相连。摩亨佐·达罗那么大的城市，人口那么多，相形之下，这座浴池显然是太小了。考古学家因而认为，大浴池只能容纳少数人。这样看来，大浴池的功用似乎是在宗教方面的，不是用来淋浴身体，而是用来洁净灵魂。

印度河谷的古城好像没有专供礼拜用的祭坛遗迹，不过考古学家认为，摩亨佐·达罗有一座建筑物可能是神庙。粮仓很可能是堆栈或库房，用以储存农民缴纳的实物。有人认为，为公共建设雇用的大量劳工，或许是以谷物支付工资。

哈拉帕和摩亨佐·达罗的统治阶级，可以从较为宁静的城堡上，监视在平地及低洼地区做工的子民。他们在城堡围墙后面，避免遭受侵袭，也能躲避一下时常泛滥无定的河水。这些城堡令人觉得这不是一个民主平等的社会，而是像绝大多数的原始文明社会一样，是一个军权和神权统治的社会。

在摩亨佐·达罗，可以看到较低处那个市区里的许多情况。该地一度不过是片废墟，今天整个地区都已掘开。市区建于一个四边形的土丘上，距城堡的东侧约198米。至于两个土丘之间那块土地的用途，考古学家们曾有不少假设，但是都难以令人完全满意。最可信的推测是：当年印度河河道距城很近，不像现在那样隔了一段距离，在市区对着城堡那边所发现的土地是供水用的一条运河或印度河一条支流的河堤。

据推测，摩亨佐·达罗全盛时期，人口达4万多。对一个以农业及家畜为主要经济来源的时代和地方来说，这个数字相当可观。这座城市本身是个与广大地区有密切关系的大商埠。

除了范围广阔之外，市区街道的四方网格排列更使人惊奇。大约有9米宽的街道南北、东西垂直交叉，构成大小约略相等的长方形建筑面积，各约长360米，宽270米。由此自然推想到，摩亨佐·达罗的居民，与现代美国人一

△ 死亡之丘——摩亨佐·达罗

样，用相距几条街的说法来测量距离。虽然从科学观点来看，这种推测或许不尽正确，但不失为一种方便的测距离方法。

市区建筑物在习惯上，临街那边墙上都不开窗，这一点与中东及亚洲的城市较为相似，但与美国的习惯不同。所有大门都开在巷内，巷宽有的达2.7米。这样一来，家家户户都能避开好奇者的窥视，以及尘埃飞扬的大街。大街上白日里牛车辘辘，商贩吆喝叫卖，确实熙攘喧闹。

摩亨佐·达罗城除面积广阔、街道整齐外，还有一项同样令人赞叹的特点：它设有复杂的污物及污水的下水道系统。摩亨佐·达罗人民的公共和私用卫生设施，发展得极好，在上古时代固然无与伦比，甚至今天世界的许多地区也望尘莫及。举例来说，大小住宅多半装有特制的垃圾滑运道，建在一幅外墙里面，直通往大街。把废物放入滑运道滑到屋外的街边小沟，小沟又接上地面下的中央下水道系统。

整个中央系统，每隔一段距离分设沉积坑，用途是收集一些最大的污物，以免阻塞主要通路。此外，全城到处都有井，有的是街井，属公用；有的是屋井，属私人专用。

摩亨佐・达罗及其他城市的生活情形是怎样的呢？有人认为是简朴刻苦，注重经商和劳动，并不讲求享乐、艺术和舒适。所有房屋的基本图样都一样。贫富之分只在于房子的大小和几项技术上的优劣而已。整体来说，有种完全一致的观感，几乎所有房屋都是一模一样。砖墙延绵几里，就会有平淡呆板的感觉；况且除了街道和摩亨佐・达罗的一所可能是食堂的地方以外，别无其他聚会场所，这更增加单调的感觉。

稍后重建的房屋，仍严格遵守同样的基本格局，不过到了最晚期，以前仅在城市偏远地区发现的工匠用的设备，也在公共街道上发现。这就表示在印度河文明发展的大部分时期，工匠都在自己的地区生活和工作。这并不是工匠们自己的意愿，而是由专制政权颁下的明令规定。

从城市的全盘设计上看不出哈拉帕人的特点。但从他们的日常用品，譬如陶器、玩具及砝码，甚至那些刻着神秘文字的印章等的细节上，很易看出一点端倪。

制造这些物品最常用的材料是赤土。在陶器外面涂上一层美丽而光亮的红色物质，绘上各种黑色的装饰图案花纹，有抽象的几何图案，也有自成一格的绘画图样。大多数是动植物，人物则较少。从出土的大量陶器来看，当时已出现有组织的工业，不过仍是陶工在转盘前面弯着腰操作的手工业。

从出土的大量黏土小像、玩具和祭祀用品中，见得到该城居民的体形及面部表情。其中许多是妇女，不是女神就是舞蹈者，佩戴宝石，发式精致，但也有些普通家庭主妇和慈母在忙着操持日常家务的塑像。

女人像几乎都裹着缠腰布，而男人像则常为裸体。除人像外，还有些手推车和家畜模型，家畜头部常有活动关节，相信是哈拉帕孩子用绳拉着玩的。从这些物品可以推想出当时的日常生活概况。

最先引人对这个遗迹发生兴趣的那些印章，后来出土的数量非常多，好像当时每个家庭都可能有自己的印章。印章为方形，通常都刻上一种动物的图形，还刻有文字，行文似是由右至左。

到目前为止，还无法译读这些文字。已列出的字数约有400个，但由于没有其他文献印证，语言学家的研究距离了解这种象形文字的意义，还相差很远。

学者曾多次尝试译读这种文字，其中一次还取得一些出人意料的成果。一批芬兰语言学家认为，读印度河印章的文字应该像猜谜或双关语那样，又认为形象符号本身，如鱼、各种不同姿势的人像等，并不是指图形代表的物体本身，而是代表那种物体名字的谐声。比方说，代名词“余”，用一条鱼的图形来代表。可是在发现可以用来对照旁证的文献之前，这个说法还不能成为定论。

印章上的文字译读不出来，也就无法确知印章的用途。不过在商品上打戳记，可能是用途之一。因此，印章很可能是所有权的证明，就跟小牛身上的牛主烙印一样。

印度河谷的古城，在许多方面仍然神秘莫测。有关哈拉帕文明的确实资料很少，各种假说于是层出不穷。这个文明的灭亡经过，有几种不同的说法，其衰亡很可能有几个原因。有人认为，印度河居民曾下决心控制河水泛滥，可是结果还是制服不了河水暴涨。另外，也有人认为，公元前1500年左右雅利安人入侵，造成印度河文明的衰落。这两个论点都不能使研究哈拉帕文明的考古学家完全信服。用这两个论点来说明一个组织这样健全的社会的没落，犹嫌过于简单。何况，还有证据显示，在雅利安人到达前的几百年间，这个文明已经普遍衰落。有些人认为，这两个主要城市遭人废弃，直接与该社会之政治和经济制度都发生解体有关。

这个文明鼎盛时期的情况，充其量也只有零星的资料，对于一个这样有条理有秩序的文明，我们现有的认识竟如此贫乏，想来倒觉得奇怪。这个文明的特质，无疑是受气候酷热及河流泛滥所决定，但也可能是商业变动的结果。

许多证据显示，当时贸易蓬勃，范围广远。印度河谷的印章在苏美尔地区也有发现。位于印度康贝湾上端的洛索尔，是一个繁忙的商业中心，与印度中部内陆地区有密切的贸易关系。已知由哈拉帕人兴建的最大砖造建筑物，即洛索尔的“码头”，大约长207米，宽36米，说明该地也是哈拉帕人的海港。

哈拉帕人还有一套完善的度量衡制度。在哈拉帕、摩亨佐·达罗及其他地方的遗址，发现过大量砝码。砝码用各种石头精制，大小都有。砝码通常为方形，但也发现过若干平底球形、圆柱形、圆锥形和桶形的。

天秤用木造，年代久远都已腐坏，因此难得有所发现。金属或陶器秤盘则发现较多。

今后考古学家要靠自己的才干加上运气来解答许许多多问题。其中一个是在摩事佐·达罗发现的一尊人像究竟有什么意义？有人认为那是一位祭师国王。果真如此，那么他是从商人贵族阶级中推举出来的吗？是由他统治一个帝国，抑或印度河文明是由若干自治城市组成的联邦，这个伟大人物信奉什么宗教?

在印章上可能会找到一条有趣的线索。有些印章刻着一个长角的图像，结跏趺坐。有人认为，这是印度神“大自在天”的早期相貌。因此，印度河谷古城的居民，当时可能已经有了神的观念，并发明了一种文字。

我们目前所知很有限，无法作出较为明确的解释，但是也不必因此而气馁。由于这许多谜团的出现，考古学才不失为一门活的科学。这是一门具有挑战性的科学，不仅仅是依循一套成规定则，推导出死板的结论。在考古研究的工作中，想象力、灵感，还有运气，仍然是成功的要素。

印度河河水孕育出来的文明，全赖居民不断地抗洪才发扬起来。哈拉帕与摩亨佐·达罗这两座城市衰微过早，苟延了一段日子便湮没了。个中原因，众说纷纭。有一派学说认为，印度河又一次决了口，大概改了道，冲毁市区的防御堤。印度河把本身孕育出来的城市又亲手消灭了。

雅典卫城揭秘

雅典卫城是雅典公民在希波战争的卫城废墟上重新建立起来的，无论是它的外部轮廓还是它的内部构造，在当时的建筑艺术中都堪称是一个壮举。

然而随着历史的变迁，这座驰名世界、名垂千古的希腊建筑的重要标志，流落到了何方，至今还是一个未解之谜。

古希腊传记作家普鲁塔克曾生动地描绘雅典卫城的修建状况：

“大厦巍然而起，宏伟卓越，不可企及，建筑者各尽其能，竞献其技，以求艺术美使他们的工作质量步步提高；建造迅速，更令人惊讶不止，这些杰作中的任何一件，人们都认为，不经历世纪代代努力，就休想把它完成，但出乎意料，这种伟业壮举在一个朝代的鼎盛时期，一举建成告竣。”

从走过的足迹来看，雅典卫城的命运真是多灾多难的。它先是被东罗马帝国统治，大约5世纪，基督教进入雅典，渗透进古希腊文明的经脉。供奉着雅典娜女神的帕德讷神庙被改为基督教堂，圣母马利亚代替雅典娜成为其主人。神庙的内部被改造，基督教徒的彩绘贴满四壁，统治者还命令在西面重新开了一个大门。

15世纪，随着东罗马帝国的灭亡，雅典又沦为土耳其帝国的领地。1456年，帕德讷神庙又被改为伊斯兰教的清真寺，庙内一切有关基督教的东西全被拆除，更换为伊斯兰教的信物。时光荏苒，帕德讷神庙几经变迁，却依然坚固屹立着。

1687年，威尼斯人围攻雅典，坚固的帕德讷神庙被土耳其人用作火药库。当年9月26日，威尼斯大军一炮命中帕德讷神庙，弹药爆炸后，灰飞烟灭，这座古希腊人的杰作就这样被无辜地毁掉。当威尼斯军队的总司令来到残破的神庙前时，看到西山墙上的波赛冬雕像以及牵引雅典娜女神战车的奔

△ 帕特农神庙

马散落在废墟中，便命令部下将其带走。可惜那个部下太过笨拙，一失手雕像跌落，摔得粉碎。仅残存的文明遗物也未能保留下来。

历史上的多次事件证明，岁月的流逝、自然界的剥蚀对人类文明遗址来说无疑是一个破坏因素，但它们毕竟是有限的，而人为因素的毁坏则是无度、彻底的。帕德讷神庙的毁坏并没有引起土耳其的关注，一年之后，土耳其人卷土重来，他们又在帕德讷神庙的废墟上重新建立了一座清真寺。

几个世纪过去了，雅典卫城的遗址被埋没地下，悄无声息。

19世纪，考古学的兴起，对古希腊文明遗址的追寻引发了人们对雅典卫城的重新关注。

今天，雅典卫城遗址的系统而有组织的挖掘工作让人们对其总体布局有了越来越多的了解，遗址出土的大量雕刻、铭文、陶器，为人们研究古希腊的艺术发展脉络提供了重要的线索。

玛雅文化之谜

玛雅文明，这个在公元前1000年前，由简朴的农渔社区发展出辉煌的文化，又在不知名的摧残下，沦为衰亡的民族，究竟得自什么力量，能在石器时代创建出傲世的文化？又遭遇何种苦难，消失在中美洲的热带雨林区？

玛雅人居住的领域包括中美洲的心脏地带，横跨危地马拉、贝利兹、墨西哥、洪都拉斯和萨尔瓦多部分地区，分别以两个互相隔离的区域为中心——齐阿巴斯和危地马拉高原的南部高地，太平洋潮湿的沿海平原与萨尔与多西部、墨西哥湾伸到贝利兹一带及洪都拉斯的热带森林区。主要人口则集中在今天危地马拉的佩登省和北犹如敦矮岩密布的低洼地区。

1983年，一位英国画家在洪都拉斯的丛林中发现了一座城堡的废墟。

当然这座城堡里没有沉睡的美丽公主，只有灌木丛生的断墙残垣。坍塌的神庙上的一块块巨大的基石，无不刻满精美的雕饰。石板铺成的马路，标志着它曾经是个车水马龙、川流不息的闹市。路边修砌着排水管，又标志着它曾经是个相当文明的都市。石砌的民宅与贵族的宫殿尽管大多都已倒塌，但依稀仍可窥见当年喧杂而欢乐的景象。

所有这些石料，无不苍苔横生，或被荒草和荆棘深深掩盖，或被蟒蛇一般行走的野藤紧紧缠裹。从马路和房基上破土而出的树木，无情地掀翻了石板。而浓荫逼人的树冠，则急不可待地向废墟上延伸，仿佛急于掩盖某种神秘的奇迹。

如此荒蛮的自然景象与异常雄伟的人工遗址，形成巨大的反差，而令人们久久激动，不能自禁。从林中发现的这个城市披露之后，举世震惊。20世纪以来一批又一批考古人员来到洪都拉斯，随后他们又把寻幽探胜的足迹，扩大到危地马拉、墨西哥、秘鲁以及整个南美大陆。

无数的奇闻逸事随着考察队的到来，纷纷传出——玛雅人的金字塔可与埃及人的金字塔媲美。危地马拉的提卡尔城内的那座金字塔高达70米，墨西哥的巨石人像方阵令人困惑不解，特奥蒂瓦坎的金字塔其雄伟和精美，堪称奇绝。

在墨西哥丛林中，有9座金字塔。塔中存放着精致的凹凸透镜、蓄电池、变压器、太阳系模型的碎片。塔内有一种空间形态能，可以使刀刃锋利起来，使有机物发生脱水反应。1927年，美国探险家马萨斯在一道棺椁底层的陪葬品中发现了一具水晶骷髅，它发出耀眼的七色异彩，具有麻醉般的催眠作用。然而，水晶的高级制作技术是1947年才开始的。根据以上事实，人们认为贮藏物不是地球上人类的作品。

不过金字塔出于玛雅人之手已无可争议了。为了建造这9座金字塔，玛雅人跋涉于太平洋和哥第拉之间，把所需的石料运往墨西哥的丛林中，但是在通往金字塔的途中没有任何道路、建筑和车轮的痕迹，他们是使用什么工具把那些石料和塔中物品运过去的呢？人们猜测可能是飞船。

据统计，各国考察人员在南美洲的丛林和荒原上，共发现废弃的古代城市遗址达170多处。它为人们展示了一幅玛雅人约在公元前1000年，到八世纪时，他们北达墨西哥南部的尤卡坦半岛，南达危地马拉、洪都拉斯，直抵秘鲁的安第斯山脉广阔的活动版图。它告诉我们玛雅人于3000年前，就在这块土地上过着安定的生活。

没有巨大的精神和物质力量的保证，即使受到来自其他星球智能生命的启发，美洲人也无法创造出这种奇迹。考古学家证实，在创造这一系列奇迹时，玛雅人已进入富足的农耕社会，并独立创造了属于自己的文字。

进一步的研究并没有使人解开美洲如何和为何建造金字塔之谜，反而让他们更感到迷惑不解——玛雅人拥有不可思议的天文知识，他们的数学水平比欧洲足足先进了10个世纪，一个以农耕为唯一生活来源的社会，居然能有先进的天文与数学知识，这种先进确是要让人怀疑的。

还有，当我们面对着玛雅遗址异常灿烂的古代文明，谁都会情不自禁地问：这一切是怎么来的？史学界的材料表明，在这些灿烂文明诞生以前，

△ 墨西哥特奥蒂瓦坎古城遗址

玛雅人仍巢居树穴，以渔猎为生，其生活水准近乎原始。有人甚至对玛雅人是否为美洲土著表示怀疑。因为，没有证据表明，南美丛林中这奇迹般的文明，存在着一种渐变，或称过渡阶段的迹象。没有一个由低而高的发展过程，难道这一切都是从天而降的吗？

的确，这一切都是从天而降的。地面考古没有发现文明前期过渡形态的痕迹，分析在此之前的神话传说，也无线索可言。玛雅文明仿佛是一夜之间发生的，又在一夜之间轰轰烈烈地向南美大陆扩展。

奇怪吗？是有点儿奇怪。除了“神灵”之外，谁还有这等魔法？不幸的是，玛雅人的神话恰恰说他们的一切都是神灵所赋予的。流传在特奥蒂瓦坎附近的神话告诉人们，在人类出现以前，众多的神灵曾在这里聚会过。

玛雅人素有“新大陆的希腊人”之美称。他们的故国位于中美洲的心脏，主要是在现今的墨西哥境内，同时横跨危地马拉、洪都拉斯、萨尔瓦多三国。玛雅文化开始于公元前3000年，比古罗马帝国的建立还要早2300年。玛雅文化在美洲大地上繁盛一时而又突然消失，直到近代，才被人们重新发现。

16世纪初，西班牙人来到了墨西哥东南部的尤卡坦半岛。他们意外地发现，在热带密林的绿荫下，隐藏着宫殿的废墟，半岛上许多地方还残存着城市的遗址，而一些宏伟的神庙和巨大的金字塔，更使他们倾倒称奇。然而最使他们惊讶的是，在这样一个布满古迹遗址的半岛上，只居住着一些隐身于丛林之中的印第安人。他们以树叶遮体，以采集、狩猎为生，还处在一种艰难竭蹶的生活状态之中。高度发达的古代文明遗址与生活方式极端落后的岛上人群形成了尖锐的对照！

对这个矛盾深感困惑的西班牙人，在尤卡坦半岛上一个叫做乌希马尔的地方，发现了让他们难以置信的奇迹。那里矗立着一座长180米、宽150米、高13米的宏伟建筑。西班牙人把它称之为“总督府”，是用10000多吨石料建成的。它的墙壁上方有一道3米宽的石刻饰带，围住了整个府邸。饰带上刻有150个蛇形神面具，每一个都刻得一模一样，它们是用22000多块石头拼凑而成的。每块石头的大小和花纹都绝对准确。如果当时哪一块有半寸之差，那么千万块石块的拼接就无法实现。后来，西班牙人又见到了岛上的“太阳”和“月亮”金字塔。它们气势宏伟，接天而立，通向塔顶神庙的高层石阶十分陡峭，远远望去，就像是一条通向“天国”的云梯。修建“总督府”和金字塔这样浩大和精密的工程，不仅要有高超的技艺，还要有严密的组织、科学的分工和富有权威的指挥。即使在科学技术、组织管理已高度发达的今天，要去完成这样的工程也是十分艰巨的。

然而，这些宏伟的古城到底建于何时？在没有铁器、车马和测量仪器的古代，玛雅人是以什么工具完成了这些用巨石精密建造的艰巨工程，后来玛雅人又为什么抛弃了这些杰出的建筑而遁迹他乡？这些至今还没有人能够回答。

而这些玛雅文明重新为欧美所认识，是进入19世纪后。1822年英国人陆续着手研究玛雅文化，并推论说，玛雅文明是由旧约圣经中的“失落的十部族”的后裔所建造的。

在危地马拉东部有一大片广大的热带丛林。1849年，有两名白人来到此地：一个是美国人约翰·史蒂芬生，另一个则是英国画家佛莱迪力克·嘉乌德。但在两位白人探险家前来此地之前，玛雅的超古代文明遗迹已封闭了。当时中美洲正发生巨大叛乱，两人一开始探险就被捕，数日后才被释放继续探险。

二人雇了当地的向导，经过几天后终于发现一高约30公尺的石壁绽放出耀眼的光芒。渡河之后两人看到了比想象更为壮丽的遗迹。巨大的雕刻、石柱、祭坛，表面都刻有人物、动物及象形文字。另外，还有一巨大金字塔形的建筑耸立于林木之间。其次在东侧也有一高大的神殿，刻着2500个“神圣文字”及各种奇异又美丽的雕刻。史蒂芬生二人的探险工作持续了数年，新的遗迹不断被发现，而此文明遗迹之谜，也变得越来越难解了。

考古学研究的进展已经表明：这些伟大建筑的创造者是美洲人的文明始祖——古代玛雅人。他们的创造性活动还表现在其他许多方面。玛雅人很早就掌握了丰富的数字与天文学知识。

玛雅人还有自己的文字，他们以毛发做笔，把800多个象形文字符号写在陶器和科波树的树皮上，以此来记载他们的历史、科学、神话和习俗。他们也把文字刻在石柱上，以便永世保存。可惜，石柱上留下的最后日期据测算相当于公元909年，历史的线索就从此中断。从10世纪到16世纪，尤卡坦半岛的历史失落了600多年。在这段时间里，尤卡坦半岛上发生了什么事情，为什么玛雅帝国雪崩般地衰亡了，玛雅人又怎么会奇迹般地从此消失了呢？这些都是历史的谜团。

玛雅天文历法

玛雅人创出了一套精巧的数学，他们的数学技巧，在古代原始民族中，真是高明得令人吃惊。玛雅人是世界上最早掌握“0”概念的民族，他们熟悉“0”的概念，比阿拉伯商队横越中东的沙漠把这个概念从印度传到欧洲的时间早一千年。

要知道数学上“0”的被认识和运用，标志着一个民族的认识水平。玛雅人在这方面的才能比中国人和欧洲人都早1000～3800年。

玛雅人除对地球历法了解得十分精确之外，他们对金星的历年也十分了解。金星的历年就是金星绕太阳运行一周所需的时间，玛雅人计算出金星历年为584天，而今天我们测算金星的历年为584.92天。这是个非常了不起的数字，几千年前的玛雅人能有如此精确的历法，这意味着什么？

人们喜欢把美洲称为新大陆。过去，人们一直都相信，在哥伦布发现它以前，美洲土人谈不上有什么文明，他们与欧亚大陆老死不相往来，彼此连对方的存在也不知道。不过，越来越多的考古发掘调查却发现，被人们称为“红番”的印第安人，曾有过相当辉煌的文化成就。他们和发达地区，也许早在史前就有接触。有些学者甚至认为，中国文明和印第安文明，本是同根生。200年前，欧洲人在墨西哥城修筑宪法广场时，从地下挖出了一块重25吨、直径3.7米的圆形巨石。这原是一块古代美洲土人雕刻的历石，也就是用石头雕成的日历，据考证，制作这石块的是15世纪的阿兹特克人。因此，这石块便称为阿兹特克历石，如今它被珍藏在墨西哥人类学博物馆中。这块历石是天文学史上的珍贵文物，使用的是玛雅人发明的历法。历石当中雕着他们崇拜的太阳神托纳蒂乌的肖像。在第一层内圈，有4种动物或人物的图案，代表太阳神的5个前身，与太阳神一起合称“5日”。其他每一层圈子，每边

△ 玛雅太阳历

都由13或20格不同的图案构成。

原来，玛雅人的数字是20进位的，每月也只有20天。他们通用的历法有两种，一叫“圣年历”，作宗教崇拜用，把一年分为13个月，每月20天，全年共260天。第二种是“太阳历”，又称“民历”，每年有18个月，每月20天，另加5天是禁忌日，即全年共365天，每4年加闰1天。在平时，玛雅人是把两种历法同时使用的。他们的纪年，由“5日”的名号，与1到13的数字相配合，便能组成52年循环一次的周期（颇像中国的天干地支纪年）。这套历法，玛雅人早在纪元前已熟练运用，其精密程度远远超过同时代古希腊或罗马人用的历法。

有趣的是，最近中国的民俗学者在云南彝族聚居的地方，发现彝族人也使用与这历碑上完全相同的玛雅历法。位处东西两半球的美洲古代文明与东方文明为何有联系，怎样联系？实在发人深思。

玛雅历法是一个不解之谜，考古学家们对玛雅历法展开过激烈的争论。考古学家们有自己的一套理论，他们各论相悖，互不相让。世界上还发现了其他一些神秘难解的历法，看上去它们都有一个共同的起源。历法，同样是个数学问题，比如玛雅历法，它有一定的周期，例如：

20金（天）=1乌纳（月）或20天

18乌纳=1盾（年）或360天

20盾=1卡盾或7200天

20卡盾=1伯克盾或144000天

20伯克盾=1皮克盾或2880000天

20皮克盾=1卡拉盾或57600000天

20卡拉盾=1金奇盾或1152000000天

20金奇盾=1阿托盾或23040000000天

考古学家发现，玛雅人在数学、天文学和农业技术方面的知识都很惊人。新的发现引出了新的疑问。为什么玛雅人在数学上采用20进位制？这同当今世界上使用的10进位制有何关系？为什么玛雅人的天文台与现在的天文台如此相似？他们用怎样的方法准确地预测日食、月食和金星的公转周期？为什么玛雅人能得出一年为365.2420天的精确数字，与现在的365.2422天的数字相差只有万分之二？玛雅人巨大的农田水利系统是怎样建成的？

如果你还知道玛雅人竟然知道天王星和海王星的存在，你不感到惊讶吗？他们的彻琴天文台的观天窗口不是对准最明亮的星体，而是对准银河系之外那片沉沉的夜幕。他们的历法可以维持到四亿年之后，其用途究竟是什么？

玛雅的象形文字

位于洪都拉斯西部的科潘遗址象形文字阶梯，是玛雅文字的一大宝库。在科潘遗址中，人们发现在许多石碑、石像上都刻有象形文字。最令人惊叹的是一座有63个石级的“象形文字阶梯”，它高约30米，宽约10米，上面刻有2500个象形文字，真可谓考古学上的一大奇迹!

玛雅的象形文字别具一格，每个字都用方格或环形花纹围起来，里面的图案或像人，或像鸟兽，或是一些圈圈点点。玛雅人曾用这种文字写下了大量书籍，可惜都被西班牙殖民强盗付之一炬，现在世上仅存了3部手抄本。

殖民者的暴行给玛雅文字的译解造成了巨大困难。多年来，人们对这种奇形怪状的文字进行了大量研究。然而，这些文字究竟怎么读，怎么讲，它起源于何时何地？与古代埃及、中国的象形文字有无关连？这些问题至今仍困扰着众多的玛雅文研究者。

现存的3种玛雅手稿：一是1811年至1848年，西班牙勋爵肯格斯鲍洛白费出版的玛雅手稿“墨西哥的古物”，现存德国的德累斯顿图书馆，因此人们又叫它“德累斯顿手稿”；二是法国科学家列昂·吉·洛尼在巴黎图书馆所收藏文献中找到的另一种手稿，这就是“巴黎手稿”；第三种是在西班牙发现的，人们又称为“马德里手稿”。

专家们认为，玛雅手稿实际上就是玛雅祭司所编的“圣礼书”，书中除了载有丰富的天文历法知识外，还十分详尽地记载了各种预言、仪礼。1973年，在美国一个展览会上，人们又见到了第四种玛雅手稿，但属私人所藏，内容不详。

早在100多年前，人们便开始对玛雅手稿进行深入研究，以便破译那神秘的图案文字。

不少学者认为，玛雅文字只具有会意文字的特点，手稿中的各篇章也只是一些字谜而已，根本不是人们以前认为的所谓象形文字。如果情况的确如此，那么人们在探索玛雅文字之谜的过程中就会碰上无法逾越的困难，因为任何人在4000多年前无规可循的文字游戏面前都会显得无能为力。

苏联列宁格勒的玛雅文化研究者克诺洛佐夫对此持有不同的看法。他坚持认为，玛雅文字与埃及、苏美尔、中国的文字一样都是象形文字，而不是会意文字。这位古文字专家在1952年成功地解读出了一系列以前无法判读的单词。可是对玛雅手稿继续深入研究5年以后，他认识到，全部解读玛雅文字并非一件轻松的事情。他承认，目前还不能指望解读玛雅手稿的工作获得惊人的突破，因为在那些天书般的手稿中，的确有一定数量的单词无法理解，它们在玛雅——西班牙语辞典及殖民时期的文章中都无法找到与之相类似的字形。要真正能解读这些手稿，就得更充分更全面地揭示玛雅象形文字及语言的规律性，应当找到同玛雅语言中的单词相同的变体。这项工作仅靠几个人是无法完成的。

苏联科学院西伯利亚分院的数学研究所用电子计算机来武装玛雅文字专家。他们把玛雅文字、文章、日期、图画及玛雅——西班牙辞典全部编制成计算机信息，输入机内，由电脑来完成这一项艰难的工作。分析结果十分鼓舞人心：在殖民早期阶段所使用的玛雅文字与现在玛雅手稿中的象形文字基本吻合，解读玛雅文字并非遥遥无期。现在借助于电子计算机已经基本上可以确定玛雅文字中那些使用频率最高的单词的语法意义，并在一般情况下还可以确定其独特的语法功能。而且人们还进一步了解到玛雅诸神的名字、绰号及其他不少事物的名称。但这些仅仅是在玛雅文字研究中向前迈出的第一步，要探寻出手稿中那些未知符号的涵义并非一件很容易的事情。

目前，世界各国科学家正在运用最先进的科学手段，在继续探索玛雅文明之谜。如果那些玛雅手稿确是能揭示玛雅文明之谜的钥匙，那么可以相信，不久人们就能揭去长期以来蒙在玛雅文明外面的那层神秘莫测的面纱，并且清楚地看到，玛雅文明是球外文明在我们地球上的再现，还是地球文明不可分割的有机组成部分。

△ 玛雅的象形文字

玛雅人告诉我们，他们的一切文明都是一位天神给予的，他们描述这位天神身穿白袍，来自东方一个未知国家的神。他教会玛雅人各种科学知识和技能，还制定了十分严密的律法。据说，在他的指导下，玛雅人种植的玉米，穗轴长得像人那么粗大；他教人种植的棉花，能长出不同的颜色。他在教会玛雅人这一切之后，便乘上一艘能把他带向太空的船，远走高飞了。而且，这位天神告诉玛雅人，说他还会再回来的。

如果我们相信这个神话的话，那么玛雅文化现象也就有了确实的答案了。

帕伦克位于墨西哥高原一个荒凉的山谷里。十几个世纪以来，当地人从未关心过那幢废弃并坍塌了的神殿。20世纪50年代，考古学家前来清理这个玛雅废墟时，他们从浮尘和苔藓中，发掘了这块沉重的、刻满花纹图案的石板。

石板上刻绘的图画，既神奇又夸张，一个人像驾驶摩托车似的，双手握着某种舵向似的把子。围绕在四周的是各种装饰性的花边图案。当时考古界的解释是，这是一件充分展示玛雅人想象力的画图。20世纪60年代以来，美苏两大国竞相发射各种航天火箭，载人的和不载人的宇航器械，频繁地在太空穿梭。当宇航员行走于月球和太空的照片不断传回地面后，人们才大吃一惊。帕伦克那幅图画，哪里是描绘古代神话，分明是一幅宇航员操纵火箭遨游太空的图案。

当然，一切已经变了形，走了样，我们无法弄清楚当年那些玛雅工匠们，是凭着怎样一幅照片，临摹着只有今天才可能出现的图像——一位宇航员控制着舵向，两眼盯注着仪表。这的确是玛雅人仿制的作品，因为那位宇航员的模样多少有些像玛雅人，或许，玛雅人认为他们自己有朝一日也能遨游太空。尽管玛雅工匠在雕刻时使排气管道弯曲变形为一种花边框架，各种仪表、环状物和螺状物，都顺形就势艺术化地被处理成各种图案，但一切仍可清晰地可见，这个运载工具呈前尖后宽的形状，进气口呈沟状凹槽，操纵杆与脚踏板，以及天线、软管，仍被生动地描绘出来。据说当这件作品的照片被送往美国航天中心时，那些参与航天器材研制的专家无不惊奇地叫了起来：

“了不起！这是古代的宇航器！”

对不起，要知道古代是没有，也不可能有宇航器的。那么，远在古代的玛雅人是怎么了解航天的奥秘的，又如何描绘出宇航员蛰居窄小的驾驶舱，紧张操纵飞船的情形？

可信的解释大概只有这一种——在遥远的古代，南美这片热带丛林里可能有过一批来自外星球的智能生命，他们在玛雅人顶礼膜拜的欢迎中走出了自己的飞船。他们教给了玛雅人历法和天文知识，并向他们展示了自己的运载工具，向他们传授了农耕的各种知识，然后飘然而去。临行前也许有过重访美洲的允诺。

埃及和印度的古代文明，首先发祥于尼罗河与恒河流域，中国古代文明的摇篮则在黄河和长江流域。河流不仅给这些早期的都市带来灌溉和饮水方面的便利，同时又是人员与商品交往最初的通道。从各民族的早期历史来看，他们的文明都离不开河流。

玛雅人却偏偏把他们那些异常繁荣的城市，建筑于热带丛林之中，这是颇有意味的。

以提扎尔为例子。从这个玛雅人的城市到洪都拉斯海湾的直线距离为109英里，距坎佩坎海湾仅161英里，到太平洋的直线距离也才236英里。玛雅人对海洋是十分了解的，在他们的城堡废墟和文化遗址上，大量的珊瑚、贻贝和贝类动物制品，可以证明这一点。那么，他们最初的城市为什么不修建在河流边，或者海滩旁，而要选择在丛林莽障之中？之后的大迁移，不向河流沿岸和海边转移，偏偏要移至更为荒凉的深山之中？这的确令人费解。

提扎尔就是一个位于深山中的城市。为解决这个人口众多城市的饮水与灌溉农作物的需要，他们被迫在城周修建了十三个水库。这些水库的总容量达214500立方米，在古代修建这样的工程，其艰苦是可以想象的。但让人难以想象这些聪明绝顶的玛雅人为何必须在这种条件艰苦的地方安邦筑城，而不去寻找一处较方便，符合生活逻辑的地方？

玛雅人既然在多年以前就创造了灿烂的人类文明，那么现代的人类文明为何又失去了玛雅人的行踪呢？玛雅人这种“从天而降”的文明现象，为何像一场刚刚上演序幕就已结束的历史剧呢？玛雅人为何突然背弃文明，又回归原始呢？确实是个谜。

830年，科班城浩大的工程突然宣告停工。835年，帕伦克的金字塔神庙也停止了施工。889年，提扎尔正在建设的寺庙群工程中断了。909年，玛雅人最后一个城堡，也停下了已修建过半的石柱。这情形令我们联想到复活节岛采石场上突然停工的情景。

这时候，散居在四面八方的玛雅人，好像不约而同地接到某种指令，他们抛弃了世代为之奋斗追求，辛勤建筑起来的营垒和神庙，离开了肥沃的耕地，向荒芜的深山迁移。

有一些资料表明：当时的玛雅人过着贫穷的生活，但是却创造了灿烂的文化，并且使之存在达6个罗马帝国之久。正当欧洲处在中世纪凋萎之际，玛雅人却计算出太阳历法，预言过日食和月食，描绘过金星的轨道。

此外，玛雅人的象形文字记载了该社会的历史和重大社会变迁。很可惜，除了数字文字外，玛雅文字至今仍没有完全译读出来。谁会想到，在16世纪，古玛雅文化在西班牙殖民主义者的侵入下受到致命的打击使它凋萎如同它的兴旺一样令人不可思议。

最近，考古学家在危地马拉北部热带丛林的纳可布地区，发现了一处包括古代金字塔、神庙和其他建筑的古代玛雅人遗址。经C14测定：该建筑属于公元前600～400年。这一发现具有划时代的意义。因为在此之前，西方学者认为玛雅社会比古代美洲社会发展要缓慢一些，在公元前200年才出现一些小村落。而上述的发现使古玛雅文明中大城市的出现至少提前到公元前600年。

为什么玛雅文明的形成如此漫长？为什么一个成熟晚、发展慢的社会能产生如此高度的文明？玛雅文化那厚厚的面纱，正等着各国学者去一层层揭掉。

玛雅人还不会使用金属工具以前，就掌握了很高的石雕和玉雕技术，创造了精美的石雕和玉雕艺术品。

他们很爱美。用黄金和黄铜、贝壳、火山玻璃、珠宝做装饰品；但是，它却在900年左右突然停止和消失了。在热带密林深处，数百座金字塔与庙宇被尘土和草木埋葬达千年之久，无人过问。

什么原因造成玛雅文化突然停止的呢？

一种说法是外敌的入侵和战争造成的。

16世纪，大批西班牙征服者就手持杀人武器踏上了古老的墨西哥、秘鲁、危地马拉的国土。在他们的足迹所到之处，整座整座的城市被夷为平地，大批大批的印第安人惨遭杀害。1519年2月，由西班牙贵族埃尔南多·科尔特斯率领的远征队开往尤卡坦半岛。他的远征队里有11艘战船，10门平射炮，4门鹰炮及16匹战马。这支远征队在科苏梅尔岛树起十字架，烧毁了印第安庙宇，接着开往塔巴斯科，同玛雅族印第安人进行了第一次战斗。由于玛雅人的英勇抵抗，西班牙殖民主义者直到16世纪40年代中期才得以征服整个尤卡坦半岛。

在侵占玛雅印第安人的城市时，入侵者横行无忌，无恶不作。他们把美洲文化的无价之宝都毁于熊熊的烈火之中，把祭司们所搜集的资料都付之一炬，还把大批珍贵的手稿作为多神教的书籍毁于一旦。许多玛雅祭司也被十分残忍地活活烧死。玛雅文化遭到了一场空前的浩劫，玛雅人在经历了这场灾难之后也突然全部神秘地失踪了。

第二种说法是气候骤变造成的。

气象专家几经努力，仍然拿不出8世纪至9世纪间，南美大陆有过灾难性气候骤变的证据。同样，玛雅人那些雄伟的石构建筑，有些已倒塌，但仍有不少历经千年风雨仍然保存完整，因此地震灾难之说可以排除。

第三种说法是瘟疫流行造成的。

至于瘟疫流行问题，看来很有可能。然而，在玛雅人盘踞的上万平方公里的版图内，要大规模地流行一场瘟疫，这种可能性是很小的。再说玛雅人的整体迁移，先后共历时百年之久，一场突发性的大瘟疫，绝无耗时如此长久的可能性。

第四种说法是从生态角度阐述的。

最近，美国的考古学者认为玛雅人是自己毁灭了古代文明。他们用资料来证实：玛雅人的人口，从公元前800年起增长了17个世纪，平均每408年翻一番，到了800—900年，人口增至500多万，这么多的人拥挤在危地马拉低地中，其密度和今天发达地区差不多，为了生存，玛雅人毁林造田，结果是水土流失，连年灾害，玛雅人终于自己毁了自己的家园。假如这个悲剧是真实的，不是足以告诫现在的人们吗？

神奇的玛雅文明是以一夜之间在南美大陆广修金字塔为开端的。这就好比一场戏，没有过门和序曲，一拉开幕玛雅人就登场上演了一出壮观的历史剧。他们未给历史留下任何解释的大迁移，就好像匆匆落下的帷幕，这场波澜壮阔的历史剧到此戛然而止。只有热带雨林的野藤和苔藓，悄悄掩盖起玛雅人的足迹，只有那残塌的废墟向游人眨着考问般的眼睛。

1948年到1952年间，墨西哥籍考古学家路利教授在巴伦杰神殿的“碑铭神庙”中，在巨大石室的墙上发现了刻有九位盛装的神官，及一位戴有奇妙头饰的青年浮雕。看到这些浮雕的研究者都说："浮雕与太空人非常相似，此墓埋葬的一定是外星人。"在内部往下72阶的房间中，发现了一间封闭的密室。密室中有一身穿华服，且身高比玛雅人高出20公分的尸体，除此外还有多种陪葬品。其中最受瞩目的是有个石制的浮雕像，这是令今人百思不解的一件"艺术品"，被称为闻名的巴伦杰神殿的"玛雅的火箭图"。

路利教授在巴伦杰神殿所发现的浮雕和玛雅碑文有密切的关系。被解读出来的碑文中，就有一节："白色的太阳之子，仿效雷神，从两手中喷出火。"这段恐怕是古代玛雅人对太阳崇敬所想象出来的情景。但是据路利教授所发现的石雕，及碑文中所记载的那节是"真实"，仔细考虑后，我们只能说那一定是飞行物体。

浮雕像的穿着与当时的玛雅人截然不同，他的下颌下边是套头羊毛衫之类的圆领，贴身的上装在手腕处有反折过来的袖口，腰际围着一条有安全扣的宽皮带，裤子上有网状花纹，直到脚踝是紧贴的吊袜状衣物，以我们对类似图片的知识而论，这无疑是一幅标准的太空人打扮！

以另一种眼光来看，在浮雕中暗示着各种技术特征，有一个前端尖形的流线型物体上，坐着有独特体形的人物——太空人，头戴盔甲，盔甲后飞扬的两条辫子似的管子，这个人弯着腰和膝盖，双手正在操纵着一些操纵杆，位置较高的一支手似乎正在调节把手般的东西，较低那支手的四根指头，似乎在操纵类似摩托车把手般的控制器，双眼前视。左脚跟搁放在好几道槽痕的踏板上。双操纵杆前面并排着许多复杂的仪器，操纵者后面有个类似内燃机物体。有中央控制系统的氧气瓶，放在鼻子前面的束缚皮带中，"能"的供应系统和通信系统也是如此，在太空船舱内，中央系统前面，可以清楚看到大型磁铁，它们的用途显然是在制造太空船舱周围的磁场，以便阻止在太空中高速飞行的太空船与浮游在太空中的分子碰撞。太空人的后面，我们可以看到一座核子融合炉，两颗可能是最后出现的氢和氦的原子图案呈现在那炉中，而更重要的一点，是在这流线型物体尾部，还画有类似瓦斯喷出的气，显然是火箭上排泄出来的废气，都表现在太空船尾部外面的架子上。

发现者直觉地反应"这是火箭吧"！现代学者以现代画法，将这幅画重新描绘一张，那是个单人的火箭。解析如下：

从最前端开始分析有传送电波的电线、空气出入口、双压缩机、操纵计器板、操纵席、燃料库、燃烧室、内燃机和喷射口。

因碑文上有古玛雅人正确无讹的天体运行和太阳之子，若将浮雕的各点综合起来想象，当时玛雅可能已设计出这种形式的火箭，也有宇宙飞行的经验。然而看这张火箭图，可知当时尚欠缺最高水准的机械制作技术、冶金术、燃烧工学和正确的电脑技术。而且当时的玛雅人尚不知有金属，也不知车子的用法。

因此，假若图中所画的果真是火箭的话，也绝不可能为玛雅人所造。事实若真如此，那火箭又是何人所造，造于何时，难道是比玛雅人更早以前来过此地的外星人吗，碑文和传说中的太阳之子是外星人吗？

继玛雅文化之后的阿斯地加文化有“从星星来的白色人，在6000年后会再回到地球”之类的传说。世界各地也有“从空中来的人”的传说，而非单是古代人的愿望和想象。例如日本的姆指公主、中国的孙悟空、希腊的伊嘉露斯以及印度叙事诗中的“空中飞车”等，不就是因为人类无法自由自在地翱翔天际，而想象出来的神话故事吗？

或许这是因为古代人恐惧雷和闪雷、彗星和流星，以及地震所产生的发光现象，他们看了神秘的神画像，而产生出神是空中飞人的传说。

尽管古代玛雅的“火箭图”并不是很具体，因为他们并没有实际看到、设计火箭，才会画出这么不成熟的图。正因为如此，当我们看了玛雅的图后，才有“古代的外星人”之类的传说出现。虽然对于古代玛雅的遗迹，如谜一般。这个谜底只有等到“超古代科学”明朗化之日可得到答案。

这个浮雕像要告诉我们些什么？是否玛雅民族将“天上信使”的信息，用他们熟悉的象形文字及绘画天才表现于石墓中，作为一位来访太空中驻足地球的证据？如果没有真实的形体出现在他们面前，以当时人的智慧，绝对无法想见一个乘坐太空船的人类所使用一切复杂的装备。那么这群来自外星的太空人是否将文化教导给这群尚未开化的玛雅人，使他们能在公元前发明一套空前的文化水准？

由于截至目前为止，考古学家们对玛雅人所创造的象形文字只能了解三分之一，仅在数字方面稍能了解，其他则仍在摸索阶段，使得这个被发现的石刻浮雕，虽然上面载有玛雅文字说明，但至今仍未能得知究竟这个浮雕人是谁，这个浮雕，究竟想告诉我们些什么？

直到目前为止，几乎整个玛雅文明都笼罩着一层谜，就像在拒绝我们去解析一般，把自己闭锁于阴沉的黑暗中。

美国的艾力克和哥雷克两兄弟提倡“玛雅文明为外星人的结晶”之说。从这方面来探索玛雅之谜，的确可以找出许多具有说服力的证据。两兄弟之所以强调玛雅文明来自外星的说法，最主要的根据是玛雅的“卓金历”。这是一种让现代人类感到毛骨悚然的历法，那是以一年260日为周期的历法，但是，我们的太阳系中，却没一个能适用这个历法的星球。两兄弟认为拥有高水准的天文知识的玛雅人，并非故意编造公转周期毫无根据的“卓金历”，这个历法实际上是玛雅人用来表明自己的故乡、地球外的行星上的历法。

如果“卓金历”真的是玛雅人故乡行星的历法，那我们可以推知这颗行星的大致位置了。公转周期260日的行星，应该位于金星和地球中间，而且这颗行星应十分温暖，所以玛雅人之所以选择在地球上最酷热的热带雨林居住，并不是没有原因的。

艾力克兄弟进一步指出，外星人（玛雅人）是在数十万年前，为了采矿而离开故乡的行星，而来到X行星，但是，由于X行星发生大爆炸，使他们移来地球避难。他们最初居住在温暖的南极，但其后冰河期来临，故向北方移动，最后所抵之处就是中美洲的密林。

他们所提倡的说法中，有几点能对目前的问题提供解答。如下：

一、诚如旧时代的文明在那儿兴盛一样，他们故乡的行星供给他们食物，也有太空船。所以玛雅族不必居住于肥沃河川的流域。

二、文明时代的玛雅，因拒绝和当时还原始的地球人相接触。所以虽然建造了深具文化水准的都市，但仍采封闭的政策。

三、为了建造石造都市群。他们也使用当时还未有的种种工艺技术，及利用原住民为其原动力。

四、大部分被视为“奉献给神的祭品”的宗教仪式，其实是地球人的人体解剖及医学手术。这些物品的场面也残留在雕刻和壁画中。

五、外星人（玛雅人）之所以于9世纪时一起离开地球，是因为墨西哥高原的印第安人发动战争，将玛雅文明占为己有。于是玛雅人就将所有的设备、器具放在太空船上，飞向外太空。有一本大概能证明这种说法的书籍，那就是于18世纪初，由基督教的神父法兰西斯·喜梅奈斯所发现的“波波尔乌夫（危地马拉州印地安的起源历史）”，书中几乎都未记述玛雅人自己的事，而是玛雅人自身的“神话”。

这本玛雅的“古事记”是用玛雅系奇古族的语言写成的。若根据此书的记载，那么人类和世界就曾被创造三回，并毁灭三回。而于第四回时，创造了现在的世界和人类，但奇古族的祖先却说其他的民族，与传说中的祖先完全不同。

“他们只要瞠目而视的话，就立即能从近处起一直看到天空和圆形的地表（他们甚至也已知道地球是圆的）。除此之外，他们甚至也能一动也不动地就看到在极远处的东西，并予以正确的判断。”——这是追索玛雅文明之谜的一则假设的说法。

在此又面临一新的谜。因为玛雅族并未建造连接都市与密林的道路，而且至玛雅黄金时代崩颓为止，也全未使用金属。在热带丛林地带建造世界最大的超文明金字塔，所需的巨石至少必须从十里以外搬运过来，并需再切成块状，那么建造大金字塔的巨石是来自何处又如何搬运?

“车轮”是技术的起源，人类利用纯粹的科学，把生活导人生产、消费、安乐的社会生活之道。正如同阿及利亚（米索不达米亚文化之一）、巴比伦文明、中美洲也出现了装上四轮的土陶犬。装上车轮的土陶犬，是人类用车轮象征性地代表狗一类的家畜（在自然界中不能自立的动物）。这意味着，玛雅人深知车轮的效能与弊害，而特别地不予利用。由于玛雅人禁止金属作实际用途，他们认为金属与武器制造有关系，可能导致战争。因此金属只允许用于农业、寺院建筑以及仪式上的祭器。家庭用的刀，则以一种名叫黑曜石的火山岩代替。

玛雅人会制造车轮，却不应用在实际生活上，研究专家们为此感到大惑不解。尤其玛雅人既不用车轮，也不借助家畜，更不用金属，那他们建造巨石建筑，真的只用人力吗？我们可以发现在大型金字塔附近，并没有道路或水路可供运输，但有大型的平坦的广场，因此使人怀疑玛雅人是否曾受到外星人的协助建造金字塔？

外星人可以应用飞碟当做运输巨大石材及人类的交通工具，当然只要有大型的平坦广场来作飞碟的停机坪，可以不用道路和有轮子的交通工具。在许多玛雅的古建筑群遗迹中，如危地马拉的提卡尔、墨西哥的帕伦格等在高大的金字塔和建筑群中间都有宽敞的广场，外星人可能就当做飞碟降落场所。因此玛雅人可能在外星人的协助下，直接使用飞碟做交通工具，所以始终没有留下道路的遗迹和运输工具的遗物。

另外，1927年在洪都拉斯一次玛雅文化古代都市鲁巴达的挖掘工作中，在已倒塌的祭坛中发现1000年前的水晶头盖骨。人类学家基恩博士认为此是女性的头盖骨。此水晶头盖骨是利用高纯度的透明水晶所制成，没有留下使用工具的痕迹，其硬度约是七度，用一般刀子是绝不可能打造完成的，而且和人类的头骨盖十分类似，其制作年代约在玛雅文明时期。

更令人惊讶的是，当雷射光射中头盖骨的鼻孔，刹那间整个头骨盖放出光芒。由此可知头骨盖的双眼具有透视镜的效果，这是因为头骨盖内部，有复杂的透视镜反射效果。经过有关人员的细心研究，证实此水晶头骨盖是利用某种碰撞力量雕刻而成的，在其头部及颜面部发现有“双晶”（受碰撞而形成的结晶）。究竟古代的工匠是运用什么高科技制造的呢？当然我们推测可能是外星人的杰作。

总之，有关此在热带丛林地带建筑世界最大的超文明，又在不为人知的情况下消失黄金时代的玛雅人之谜，是十分深奥的，究竟何时才能查出其全貌呢？至今仍无人知晓。

西罗马帝国灭亡之谜

西罗马帝国是指罗马帝国于286年被戴克里先分为两部分后，位处西部的帝国；而东部的帝国后来被称为东罗马帝国或拜占庭帝国。

史家将西罗马帝国的灭亡定于476年9月4日皇帝罗慕路斯·奥古斯都被奥多亚塞威迫退位之时，或定于480年皇帝尼波斯死后。

由于罗马帝国的重大影响，所以于480年西罗马帝国衰落后，一般也被划分为古代欧洲的终结，并进入了中古时代。

也许有感到古代罗马的强大，也许有感到古代罗马对中世纪欧洲和现代西方世界的持续影响，长期萦绕在西方史学家脑际中的问题之一就是西罗马帝国为什么在5世纪灭亡。

20世纪，西方学者继续探讨西罗马帝国灭亡的原因这个千古之谜。

1916年，维兰德密·斯密科维奇在《政治科学季刊》上发表《罗马衰亡的重新考察》一文。他认为，罗马的灾难开始于共和国时期，早在加图时代（公元前180年左右），意大利大部分地区的农业已经衰落了。各个行省的耕地逐渐沙漠化，荒地无限扩大。大量土地抛荒导致仍然耕种土地的农民税收负担加重，农业劳动生产率降低，社会生存所依赖的物质条件恶化。所有这些使西罗马帝国难逃灭亡的厄运。

1917年，埃尔沃斯·亨廷顿在《经济季刊》上发表《气候变化和农业衰落是罗马帝国衰亡的原因》一文。他的论证方法非常奇特。美国加利福尼亚地区有一种树龄达到3000多年甚至4000年的红杉树，这种红杉树有一个特点，就是每一年都长出一个年轮，根据年轮数可以推断树龄，而且这种树的年轮纹理之间的距离是随着气候的变化而变化的。气候有利时，也就是降水量大的年份，年轮纹理间距比较大，反之则较小。所以根据红杉树的年轮纹理的间距可以推断出该地区降水量的历史。而且亨廷顿认为加利福尼亚地区的降水历史与罗马统治时期地中海地区的降水大体一致。基于红杉树的特点和两地降水历史大致相同的假设，所以亨廷顿认为，西罗马帝国的衰亡是由于4、5、6世纪降水量不足而造成的。

美国约翰·霍普金斯大学教授邓尼·弗兰克则从另一个角度来探讨西罗马帝国的衰亡。通过仔细研究许多拉丁文墓志铭，他发现这些墓志铭上的奴隶多是希腊人的姓名。因此，他断言，罗马和拉丁西部遇到希腊和东方奴隶的入侵：由于这些都是被释放的奴隶，所以他们都取得了罗马的公民权，罗马公民的成分发生了变化。通过对13900个墓志铭的研究，他推断罗马城中近90%罗马出生的居民是外族血统，曾经建立罗马帝国的罗马人现在让位于外来种族。正因如此，罗马从元首制过渡到君主制这是专制主义的胜利，东方宗教的传播，拉丁文学的衰落，曾经建立帝国的人治理国家的天赋不断降低。

尼尔森在《罗马帝国》一书中认为，罗马帝国最重要的问题是种族问题，因为罗马文明就是以种族为基础的。文化取决于种族的特性。如果外来种族和蛮族被同化，那么他们必然与征服者（罗马人）互相渗透。由于罗马世界范围广大，外来种族众多，因此罗马人的出生率必须提高。但是罗马人的出生率不仅没有提高，反而有所降低：罗马人的血统变得越来越不纯洁，在帝国的罗马化地区，由于文明的互相交流和融合导致种族的无节制混合，在罗马帝国的统治下，不同种族互相通婚和血统的混杂遍及各个行省。在这些血统混杂的地方，稳定的精神和道德标准都失去了。

罗斯托夫采夫在《罗马帝国社会经济史》一书中，也探讨了西罗马帝国衰亡的原因。他认为正是通过城市这个媒介，罗马统一了意大利，当罗马帝国扩张到西欧地区时，它自然会使城市成为罗马化的中心。但是城市的财富来自乡村，乡村农民激烈反对城市市民的剥削。在罗马帝国的和平环境下，城市居民逐渐不能适应军营生活，3世纪危机时，帝国政府只好招募农民参加罗马军队，军队中的农民与乡村农民联合起来，反对城市的压迫。因此，贵族以及依赖贵族的古代文明的衰落就是由于军队中的农民与乡村农民的联合

△ 古罗马斗兽场

反抗。

研究拜占庭历史的诺曼·H·拜恩斯从比较的角度来探讨西罗马帝国衰亡的原因。他认为西罗马帝国存在文化中断的现象，东罗马帝国则没有。从根本上来说，文化诞生于互相交流，为了维持文化，需要有意识地巩固对它的兴趣。罗马文明依靠互相联系，依靠从罗马城扩散到各个行省省会，然后再返回罗马加以巩固。然而，只有在没有暴力的地区才能保持这种自由联系。罗马帝国由城市行政官员以及驻守边境的军队维持，城市官员和军队成为维持整个文明结构的重要力量。而蛮族的入侵使这些相互联系的地区分裂了，蛮族王国在罗马领土上的建立打破了帝国政府统一的行政管理。蛮族王国的建立不仅缩小了罗马帝国的领土，而且减少了罗马帝国的财政收入来源。帝国的防御需要金钱，因为罗马曾经为西欧地区提供了长期的和平交往，以致它的公民再也不是战士了。要想获得战争胜利，西罗马帝国就必须依靠蛮族雇佣军，而雇佣军是要支付巨额军费的。更加糟糕的是，西罗马帝国面临两线作战：陆地上需要与蛮族作战，海上还要与汪达尔人的舰队作战。因此西罗马帝国的悲剧在于它没有足够的财力资源，在维持一支雇佣军的同时又能维持一支强大的舰队。

20世纪80年代英国《泰晤士报》发表了一篇文章，认为西罗马帝国是由于“铅中毒”而衰亡的。罗马城市的供水管道是用铅制作的，随着时间的流逝，铅逐渐被锈蚀，长期使用这种铅水管的罗马人智力因此下降，以致到5世纪时，他们缺乏应付帝国内外危机所必要的智力。

美国学者马文·佩里在《西方文明史》一书中认为，首先，罗马帝国的衰亡是一个历经数百年的过程，它并不是发生在476年的一个单一事件。其次，帝国仅仅是西半部灭亡，帝国的东半部则作为拜占庭帝国而幸存下来，直到15世纪中叶。因此，没有任何单一原因足以说明西罗马帝国的衰亡，它是多种力量共同作用的结果：一是蛮族的作用；二是精神原因；三是经济原因。

菲里普·李·拉尔夫在《世界文明史》中认为，西罗马帝国的衰亡主要是由于内部问题：第一，政治上，元首制下缺乏明确的继承法，结果元首一去世，接着就是内战，帝国后期政治上最大的缺陷是没有使足够的人参与政府活动，帝国的居民大多数是不参与政治的臣民，沉重的税收常常使他们对帝国心怀仇恨；第二，经济上，罗马最严重的经济问题是由奴隶制度和劳动力短缺所引起的。罗马城市主要依靠奴隶生产的剩余产品，但是奴隶承担的劳动过于繁重，以致无法通过繁衍后代来补充奴隶队伍，随着对外政府战争的结束，战俘奴隶的来源断绝了，结果乡村生产的剩余产品越来越少；奴隶制度使罗马的奴隶主不关心发展生产技术；第三，缺乏公民理想。3世纪，罗马帝国不能依靠共和国时期的公民理想，这主要是由于连年的战争和沉重的赋税负担造成的。地区之间的分歧、公共教育的缺乏以及社会的分层进一步阻碍了任何统一的公益精神的形成。西罗马帝国是伴随着人们的普遍冷漠而走向历史的尽头的。

揭秘"古格王朝"之谜

巍峨的古格遗址，坐落于阿里扎达县扎布让区境内托林镇西北的象泉河南岸，距县城19公里。为曾经拥有百万之众的金戈铁马的吐蕃王室后裔所建，偏居此地700余年，传承20余代国王，距今有1300年的历史，于17世纪灭亡，给后人留下了无数珍贵的文物和历史资料。

一、整个建筑分上、中、下三层。核心建筑物都在山顶

整个遗址建在一小土山上，建筑分上、中、下三层，依次为王宫、寺庙和民居。从陡峭的台阶拾级而上，你随时都能感受到历史的严峻和生存的艰难，由于身处乱世，古格王宫的核心建筑物都构筑在易守难攻的山顶，南面是座高峰，其余三面为绝壁。

整个"山城"只有一条小路可以上山，且在险路隘口设有壁垒，真是"一夫当关，万夫莫开"。城堡的周围，围绕着从半山腰一直延伸到山脚下的城墙和碉堡群，无论作为防守的屏障还是进攻的基地，都占据着居高临下的有利地势。

二、宫殿分冬宫、夏宫和议事厅

现在的遗址从山麓到山顶高达300多米，山顶的王宫建筑群中地面以上部分损毁得比较严重，只能从存留的残垣断壁大致推测出它们原先的模样。比较有价值的历史遗迹有：冬宫、夏宫、议事厅。

所谓"冬宫"，其实是一组通过暗道后的地下洞室，这些洞室形制大体相同，面积在15～20平方米之间，方形的洞室净高在两米以上。这里原是古格国王准备营造的能抵御高原冬季零下30摄氏度凛冽寒风的安乐窝，但1630年的一场暴动和拉达克人的入侵使这个即将完成的工程永远停顿下来。冬宫修在地下，现保存完好。冬宫之外是数十米的悬崖绝壁，站在冬宫

的窗前，可以远眺群山，俯视象泉河谷。夏宫建在地面，由于年久失修，仅留断墙残垣。

“议事厅”处于山顶王宫建筑群的中间，厅内面积340多平方米，厅堂的墙壁用长近50厘米的大土坯砌筑而成，厅内地面是石子和砂泥夯打处理过的。现今的大厅和周围的房屋都早已失去了屋顶，成了一圈近乎方形的围墙，然而在当年，这里却是国王和大臣们处理国家大事，以及国王和王后生活起居的地方。

三、最具有神秘色彩的“干尸洞”

干尸洞位于古格城堡以北约500多米，是古格遗迹中最具有神秘色彩的“景点”之一。

沿着望楼遗迹陡峭的绝壁上不足一人宽的小径走上10多分钟，就能看见山沟崖壁上一个距地面约2.5米高的洞窟，洞口宽约0.8米，高约1.2米，仅能容一个成年人弯腰钻入其中。洞中有一组面积约10平方米的三室洞窟，形状为不规整的方形，洞室内遍布着散乱的尸体（包括人类和动物的）、骨骼、毛发、破衣、碎布、绳子和小木棍等，并且散发出令人难以忍受的恶臭。

洞里的尸骨没有一具是完整的，都是身首异处，奇怪的是洞内没有发现一个颅骨，只找到两件下颌骨。更奇怪的是，洞里虽然看不到一具头颅和头骨的痕迹，但却找到许多发辫和绑扎着的发束，说明尸体本来应当是带着头颅被堆进洞内的，后来这些头颅却神秘得不翼而飞。在一些腿骨、脊骨上面，附着已经干枯的人皮和人肉，这实际上是一种没有完全脱水干化的干尸。

那么，我们不禁要问：

1.“干尸洞”内的尸体是谁葬的

关于“干尸洞”内的尸体，据说是古格与拉达克争战时，古格国王不忍心眼看着自己的百姓受累，于是与拉达克人达成城下之盟：同意投降，但不得伤害百姓！当古格国王和战士们放下武器之后，背信弃义的拉达克人却将他们全部押解至干尸洞前处以极刑，抛尸于洞内，并把所有被俘的古格子民掠往拉达克，将古格残酷灭国。

这确是一个令人震撼的故事，但根据洞内发现的年轻女性的尸体，从考

△ 古格遗址

古学与民俗学的角度分析，似乎这又是一种有一定仪礼的葬式。

究竟这些尸体是古格王国时期的，还是古格王国以后的？他们的身份是贵族、战士，还是一般的平民？这种集体置尸于洞内的丛葬，是当时的一种特殊的葬式，还是一种惩罚性的手段？这都是古格王国的谜。

2.为何鼎盛时期突然消逝了呢

这样一个曾经盛极一时的王朝，为何在17世纪后迅速衰退，并在阿里高原上神秘消失了呢？对此，历史学家们作出了各种各样的解释。

一种说法是，由于古格国王和拉达克国王之妹的婚变，17世纪初在本为兄弟的古格人和拉达克人之间发生了一场持续18年的战争，这场战争使交战双方两败俱伤，当时的古格“不能农耕采矿，国家贫困不堪”，终于一蹶不振，走向灭亡。

另一种说法是，由于17世纪初古格王朝格鲁派（黄教）寺院的力量越来越大，致使政教之间的矛盾日益尖锐，古格国王为了遏制藏传佛教的势力，引入了西方基督教会的力量，结果引起信奉基督教的古格王室与信奉佛教的臣民之间的激烈斗争，邻近的拉达克人乘机发动入侵战争，古格王国就此寿终正寝。

让考古学家们感到震惊的是，从记载上看，战争造成的屠杀和掠夺并不足以毁灭古格文明，但在事实上，硝烟散尽的古格王国逐渐沦为一座庞大的废墟。

另外，阿里地区日益恶化的自然环境，可能也是古格王朝走向衰败的原因之一。综观札达县的地理环境，现在的象泉河已不是当年的象泉河，沙漠化程度十分严重，当年能养活十万之众的这块绿洲，今天已所剩无几，只剩下了一点点土林和戈壁，这种地貌形态的变化，或许正是古格消失的真正原因。

无论如何，古格的故事已经离我们越来越远，300多年后的今天，我们只能从它残存的废墟和斑驳的壁画中窥见古格文明的一角，由断壁残垣和废弃的宫殿来想见古格王朝昔日的辉煌。

3.今天的古格人家不是古格后裔，古格人去哪里了

对于许多人来说，古格仍是一个陌生的名词。但自从1985年以来，人们越来越重视这个消亡了350年的王国的价值。人们把它和中美洲玛雅文明、意大利的庞贝古城相提并论，三者有一个惊人的相似之处：它们都是在文明鼎盛时期突然遭到灭顶之灾，正是因为突然的变故，一切都被保存下来了。在其后的几个世纪，人类几乎不知其存在，没有人类的活动破坏它的建筑和街道，修正它的文字和宗教，篡改它的壁画和艺术风格，它们甚至保留着遭到毁灭的现场。

今天的古格故地，有这样一个奇怪的现象：十几户人家守着一座空荡荡的城市废墟，而这十多户人家并非古格后裔。那么当日十万之众的古格人如何消失得无影无踪了呢，这里发生了什么样的天灾或者瘟疫使得繁荣富强的文明突然间完全彻底消失，全盛时期的古格王朝拥有多少臣民，历代的古格王究竟葬于何处，古格亡国的直接原因到底是什么，古格故城的王国臣民后来迁到了哪里，他们是否还携带有前王国历史的信息？时至今日，我们对于古格王国还是知之甚少，少量的历史典籍残缺并且相互矛盾的记载，不仅没能揭开古格王国神秘的面纱，反而更增加了它的神秘感。

走进古格王朝，一个最接近天空的遥远国度，一个信仰之乡消逝的神秘荣光，永远是一个诱惑，亟待人们去探索，去发现，去破译……

巴人失踪之谜

巴人，是中国人类祖先的重要一支。巴人在中华大地繁衍生息并在中华民族历史上创造了一系列辉煌灿烂的文化后，于秦末汉初，几乎是一夜之间突然集体消失了！他们去了哪里？在浩如烟海的史卷中没有任何记载，在惊世的考古中没有任何答案，留下的，是一个世界之谜，是一个旷古梦幻……

巴史就是一部战争史。从商末随周武王伐纣，春秋与秦楚抗争，到战国“七国称王，巴亦称王”，直至神秘失踪，几乎都与战争密切相关。从20世纪50年代开始对巴人遗址的发掘中，每一次出土的文物中都少不了大量的兵器、武具以及与战争有关的器物。

商末，武王伐纣征用了巴人充当敢死队，这是巴人军队第一次出现在历史舞台上。而这精彩的亮相立刻让天下为之动容，不仅因为他们的勇猛凶狠，还因为他们那独特的作战方式——歌舞凌人。他们训练有素、神威果敢，行进中槌击着铿锵有力的战鼓“淳于”，这是巴人特有的奇异乐器，声大如雷，厚重悠扬。它们在战场上被巴人武士用来配合雷霆般的歌声和整齐划一的舞步。这样的气势和威力在战斗中起到的作用恐怕不弱于利剑长矛，难怪纣王的军队刚一交手就望风而逃了。

周朝建立后，巴人受封子国，建都江州（今重庆），首领称为巴子，实行世袭君主制，从此巴国脱离原始社会阶段，正式以一个诸侯国跃然于中国历史。到春秋时期，与巴国相临的楚国逐渐强盛起来。楚国对巴国垂涎三尺，两国爆发了几次大的战争。楚国曾一次次穿越大险三峡攻打巴国，巴国也曾长驱东下，一直打到楚国腹地洞庭湖。这时的楚国并没有得到多少便宜。到了战国七雄并起称王，巴国虽也脱离周室称王，但国势已日渐衰微，在北秦东楚的夹击之下，被迫向川东、川北和川南发展，进入三峡地区，溯

△ 巴人古堡神龙山

江而上，逐渐征服和融合了当地的土著民族，控制了北接汉中、南及黔涪、东至奉节、西到宜宾的大片地区。

战国后期，巴国更见衰落。公元前316年，秦国开始统一大计，出兵先灭掉了蜀国。而后秦大将司马错挥师剑门关，大军直取巴国。巴人与入侵强敌经过大小数十次惨烈战斗，丢失了无数城池和大片土地后，十几万人撤到酆都（今丰都）。在酆都，巴人顽强地与秦军对抗，保护这一块最后的属于自己的土地。经过连番激烈战斗，付出高昂代价的秦军终于攻入酆都。然而令他们万万想不到的事情发生了：巴国首领和十几万军民几乎在一夜之间消失了踪迹，留给他们的是一座空城，真正的“活不见人，死不见尸”。于是酆都有了“鬼城”之说，一直流传到现在。巴人失踪，标志着作为一个国家的历史的结束，更成了举世瞩目的历史之谜。

在三峡库区建设过程中，百余处巴人遗址和墓地把巴人文化从商周到战国的完整序列呈现出来，每一次考古发掘的结果都令人血脉贲张，激动不已。然而每一次又都增加新的谜团。持续了近半个世纪的巴人考古工作，乃至最重要的发掘工作都已结束，却并没有找到巴王陵。

而考古界一直没有认定巴人有记录和传达语言的书写符号。虽然考古工作发现了少量古代巴人图形夸张、线条流畅的画像、篆刻铭文、类似结绳的符号、器脊刻星座等，但只是疑似文字符号，且无法破解其含义，所以历史界和考古界对于巴人是否拥有过文字基本持否定态度。可这样一个和“战国七雄”并肩而立的王国，却没有自己的文字，他们是靠什么进行交流和建立国家的呢？简直是匪夷所思。

至于十几万巴人神奇失踪之谜，千百年来，无数人为之苦寻穷究，锲而不舍，试图找出谜底，但都不得其解。宫玉海先生经过研究大量古籍，语出惊人，大胆断言中国巴人即是今洪都拉斯人的祖先——美洲印第安人。宫先生认为在巴人战败后，因时间紧迫，分成若干支队伍分头迁徙。巴人有少部分留于川地，大多数曾迁往湘西，到达鄂东，更有迁徙至美洲，成为现今洪都拉斯土地上的印第安土著先民。宫先生认为陶渊明根据传说写的《桃花源记》，就是巴人“避秦”。然而桃花源至今仍未在中国境内找到，所以这个广阔而神秘美丽的地方就不排除在北美洲。甚至如今的西班牙、巴西都与中国古巴人有关。

而最近陕西商洛地区考古专家在探寻商洛900多个神秘洞窟起源时，又有了巴人失踪的惊人发现。据了解，商洛发现的神秘洞窟均面山临水，故每每进洞，须越过湍急的河流。洞内呈长方形，四壁平整，人工开凿痕迹清晰。经大致测量，小的洞室面积有六七平方米，大的有十二三平方米。有的洞窟，竟然还分前室、后室，前室较狭，后室较大，两室之间有台阶相连，极似于今天的“套间”、“跃层”。而后室墙壁上，均凿有搭建木板的石槽。经初步分析，考古人员认为，洞窟防火放烟、冬暖夏凉的设计意图明显，应视为居住所用（极少数也有可能是存放尸体的墓室）。据考古专家介绍，考察中已发现有的洞窟内有悬棺的遗迹，但因位置太陡、太高，目前还无从接近。专家说，“所有洞窟都是在红沙岩上开凿的，虽然岩质脆硬，但要在半山腰上开凿，也并不容易，尤其以前的工具简陋，要一下下地开凿出一间宽敞的洞窟，非耗费巨大的人力物力才能完成，其工程量的巨大，就是现在也是不可想象……”

那么，如此大量的人工洞窟，究竟是谁开凿的，为什么要开凿它呢？考古专家在否定了大量可能性后，一个大胆的推想诞生了：神秘洞窟莫非是已经消失了的古代巴人的遗迹？是他们的杰作？证据有很多。就目前已知的巴人习性而言，神秘洞窟的本身就与巴人在川生活有着许多相同之处。

除此之外，令考古人员更加坚信神秘洞窟为古代巴人遗迹的，是一些巴人文物的相继出土。这些文物与三峡地区出土的巴人文物几乎如出一辙，其器具上的符号惊人一致。“商洛应居住过古代巴人的一支，随着更多的实物资料的印证，商洛有可能是古代巴人居住的重要区域。”

对此，商洛考古界的许多专家学者深信不疑。翻开《隋书》其中一段：“周静帝大象二年，北之商洛，南至江淮，东西两千里，巴蛮多叛……”就明确说明商洛有巴人，而且，巴人好斗。现在有证据证明也许早在商代，商洛就有了巴人。而巴国被灭后，巴人又大批迁徙至商洛地区，开凿了大量的洞窟居住。那么商洛巴人为什么没有再成小国呢？

专家认为巴人是为逃避强秦的追杀和西汉刘邦招巴人当兵作战。在休养生息中，大部分居于商洛的巴人随着通婚，渐渐与汉人融合。因此，“在巴国灭国后1000多年，这种融合应该已经将巴人与汉人的区别模糊了。从前不久商州东关发掘出土的唐代砖式船棺葬分析，当时的巴人应与汉人没有多大差别，仅仅在葬式上，还保留着自己的传统而已。”不过，即使最终定论这些神秘洞窟就是巴人的遗存，就是他们所开凿，但他们究竟如何开凿、如何生活、为何消失在浩瀚历史中，也还需要更长的时间研究。

亦真亦幻的特洛伊之谜

徜徉在马尔马拉海和爱琴海之间的达达尼尔海峡，和煦的海风拂面，满目青山、碧水、蓝天，《荷马史诗》中那段关于“特洛伊战争”的故事仿佛就在眼前演绎。

汉语中有个“倾国倾城”的成语（语出《汉书·外戚传》，“一顾倾人城，再顾倾人国”），这里的“倾”字一语双关，既可指美艳非凡，令人倾倒，也可指倾覆邦国。

荷马赋予了特洛伊战争一个浪漫的原因——为美女而战。

一、瑰丽史诗《伊利亚特》

海伦是希腊的绝世佳人，美艳无比，她嫁给希腊南部斯巴达国王为妻。特洛伊王子帕里斯出使希腊，在斯巴达国王那里做客，他在爱与美之神阿芙罗狄蒂的帮助下，趁着国王外出之际，诱走海伦，还带走了很多财宝。

此事激起了希腊各部族的公愤，斯巴达国王发誓说，宁死也要夺回海伦，报仇雪恨。为此，在希腊各城邦英雄的帮助下，调集10万大军和1000多条战船，组成了希腊联军，浩浩荡荡，跨海东征，攻打特洛伊城，企图用武力夺回海伦。双方大战10年，死伤无数。

最后希腊联军采用足智多谋的奥德修斯的“木马计”，里应外合才攻陷了特洛伊。希腊人进城后，大肆杀戮，帕里斯王子被杀死，特洛伊的妇女、儿童全部沦为奴隶。特洛伊城被掠夺一空，烧成了一片灰烬。战争结束后，希腊将士带着大量战利品回到希腊，并抢回了美貌的海伦后重返故土。这就是特洛伊战争的起因和结局。正是由于海伦，使特洛伊遭到毁灭的悲剧，真所谓“倾国倾城”。

特洛伊木马：木马，暗藏的危险，奸细。现在已成了“挖心战”的同义语，比喻打进敌人心脏的战术。这一成语在世界上许多国家流传着，它提醒人们，防止被敌人的伪装欺骗，使敌人钻进自己的心脏。

二、木马计的传说

十年战争未果，希腊将领奥德修斯想出一条妙计，斯巴达王决定依计行事。

希腊联军佯装失败，扬帆离开了特洛伊附近的海面，只在海滩上留下一匹巨大的木马。这时，几个牧人押来一个刚抓到的希腊人。这个希腊人对特洛伊人说："这匹木马是希腊人献给雅典娜女神的。他们故意把它留下来，估计你们会毁掉它。这样一来，就会引起天神的愤怒。可是如果把木马拉进城，特洛伊就将受到神的保护。希腊人为了防备这点，就把马造得非常巨大，使你们无法拉进城去。"

特洛伊王对这一番话深信不疑，立即下令把木马弄进城去。

到了当天晚上，夜深人静，希腊人的战舰正在向特洛伊驶来。这时躲藏在木马中的全副武装的战士一个接一个地跳了出来。他们悄悄地摸到城门边，消灭了睡梦中的守军，迅速打开城门。从战舰上登陆的希腊人潮水般地冲了进来，十年没有攻下的特洛伊城就这样轻而易举地被占领了。

尽管目前历史学家还在争论当年是否真有木马计，昔日的木马是什么样子已无从查考，但后人制作的矗立在特洛伊小镇的一座绛红色的木马已经成为古代特洛伊的标志。

三、考古特洛伊遗址

1870年以前，历史学家根据当时掌握的史料，只能将希腊的历史追溯到公元前7——8世纪。尽管家喻户晓的《荷马史诗》描述了希腊史前的故事，但学者们认为，特洛伊战争是《荷马史诗》中虚构出来的神话故事，因而不能当做历史。

在没有任何文字记载证明荷马所描述的文明的情况下，考古学成为揭开真相的钥匙。

19世纪70年代，德国考古学家亨利·谢里曼在一块被人遗忘的废墟中找到了这座历史名城。谢里曼1822年出生于德国麦克伦堡镇，幼时就读过《伊

△ 特洛伊古城遗址

利亚特》，特洛伊之战令他热血沸腾，从此立下了要找到被认为是神话传说的特洛伊城的宏愿。

1871年9月的一天，36岁的谢里曼根据《荷马史诗》提供的线索，来到小亚细亚西部，现今土耳其西北部希沙立克，在一个高40米当时还长着庄稼的土丘上开始发掘。

发掘的结果令谢里曼大感吃惊：他发现的不仅仅是特洛伊，而是埋在下面的一大片城市。一层一层的废墟一个压一个，一共有45英尺深！每一层代表着一个城市——一个在前一个废墟基础上建造的城市。各层之间又有多层泥土相隔。有几层灰末显示，其中部分城市曾被大火夷为平地。谢里曼对上面几层，不太感兴趣，因为他认为真正的特洛伊，即《荷马史诗》中的特洛伊，应该是在最下面或靠近最下面的地层。

所以，使后来的考古学家深感遗憾的是：谢里曼支使他的民工残忍无情地用大车拖走了成千上万的泥土和石头，使这座遗址上面几层具有考古实证价值的地层，在他大刀阔斧地鲁莽发掘下丢掉了！他的鲁莽与妄动使当时的一些学者十分不满，称他是“特洛伊第二个破坏者”。

1873年，谢里曼对《荷马史诗》准确性的深信已达到无以复加的地步。他的民工在接近小丘遗址的底层挖出了石铺路面、大号陶罐。同年5月，他们又挖到一栋大型建筑物遗址。谢里曼坚信，这就是“特洛伊的最后一位国王普里阿摩斯的宫殿遗址”。几天后，谢里曼在宫殿的基石旁发掘出了考古学家所能发现的最不平凡的东西：国王的大量黄金饰物，包括3件头饰，60只耳环、6只手镯、近9000颗黄金珠子。

1874年，当谢里曼将他的发掘成果公之于世时，整个西方世界都震惊了。

但谢里曼误认了特洛伊。“普里阿摩斯国王宫殿遗址”发掘的地层，据现代考古学家推断，形成于公元前2500——2200年，这比传说中的特洛伊战争年代要早1000年。匆匆忙忙一下挖到遗址的最底层——谢里曼认为的特洛伊所在地——势必大大超过了《荷马史诗》中的特洛伊的真正所在地层。

经过后人继续深入发掘，共挖出了9层古城的遗址，这表明特洛伊重建了多次。现代考古学家们普遍认为，《荷马史诗》中的特洛伊在遗址的第6层，它具有与特洛伊战争故事最相似的背景。

不管怎样，谢里曼和他的继承者们发掘和考证出来的遗迹和文物，使特洛伊脱去了神话的外衣，证明了特洛伊城并非虚构。这把古希腊文明史向前推进了8～10个世纪。

四、特洛伊战争的真相

战争的真正原因与其说是为了争夺海伦，不如说是为了争夺该地区的商业霸权和抢劫财宝。

根据考古遗迹推论，大致可断定特洛伊城大约是在公元前1180年被摧毁的。

可能是因为一场战争而毁灭。考古人员在遗址处发现了大量相关证据，如火灾残迹、骨骼以及大量散置的投石器弹丸。按照常理，在战争结束后，保卫战的胜利者会把那些用于投掷的石块等武器重新收集起来以便应付敌人再次入侵；而若是征服者取胜，他们是不会做这种善后工作的。

当然，这些遗迹所反映的那次冲突并不意味着就是《荷马史诗》中所讲的那场特洛伊战争。

特洛伊城以当时那一地区的标准来看，称得上是一个非常大的城市，甚至具有超地域的战略重要性。它是连接地中海地区和黑海地区以及连接小亚细亚和东南欧的战略中枢。在当时的东南欧地区，特洛伊城的这一战略中枢位置是无与伦比的。所以特洛伊极易卷入战争并受到攻击，这种冲突就可能被数世纪的人所记忆，并代代相传，从而给荷马的传奇故事增添了更多渲染力量。

当年荷马必是想当然地认为他的听众们知道特洛伊战争，所以这位行吟诗人才会浓墨重彩地刻画战争的经过及其后果。荷马把这座城市和这场战争搭建在一个诗意的舞台上，上演了一场伟大的人神冲突。

然而，在考古学家看来，《荷马史诗》还可以在一种完全不同的、世俗的意义上得到证实：荷马和那些向荷马提供“诗料”的人，应该在公元前8世纪末“见证”过特洛伊城及那片区域，这个时期正是大多数学者所认可的《荷马史诗》的形成年代。

这场战争或这一系列战争的原因多半是争夺对达达尼尔海峡的控制权，这是一条通向黑海的狭窄水路。然而国王的妻子被引诱是再好不过的一个借口，借此来发动一场荷马传说中提及的持续10年的血腥战争。

特洛伊已经成为人们心中挥之不去的记忆——学术界的争论，年代久远的遗迹，远古的传说，近日的故事，真真切切的达达尼尔海峡，这就是时空交汇、亦真亦幻的特洛伊。

阿波美王宫之谜

贝宁的阿波美王宫于1985年被联合国教科文组织同时列入《世界遗产目录》和《世界濒危遗产目录》。该王宫见证了历史上强盛一时的阿波美王国以及西非地区奴隶贸易的盛衰，是西非地区为数不多的世界遗产，也是贝宁人民追忆历史、缅怀祖先和提高民族自信心的圣地。

阿波美位于贝宁南部的祖省，距贝宁经济首都、政府所在地科托努市145公里，是历史上西非地区的强国——阿波美王国（也称达荷美王国）的都城。阿波美王国不实行长子继承制，而是选择英勇善战的王子或王公继位。从1625年到1900年两百多年间，先后有12位国王在位，历任国王（一名除外）都在其前任的宫殿附近建起风格及材料相似的宫殿，共计11座。

19世纪末，法国殖民者大肆入侵阿波美王国，大部分宫殿毁于战火，仅存盖索国王和格莱莱国王的两座宫殿。包括盖索国王的四个人头骨支撑的宝座、铁神和战神塑像在内的很多珍贵的历史文物和艺术品被法国军队劫掠，现存于法国的博物馆。

相传阿波美人的祖先来自于现今的多哥共和国境内，是当时的塔多王国的一位公主与一只豹子所生。塔多王国诸子争位，一位名叫阿雅吕多的王子率部出逃，几经波折，在现今的贝宁境内建立了阿拉达王国。

阿雅吕多死后，旧幕重现，诸子争位，其一子多巴格里另建王国。多巴格里之孙胡埃巴加将都城迁到后来的阿波美地区，并立下严厉的刑法，建立各种机构，以巩固他的统治。他屡次派其子向邻国一个叫当的国王索要一小块土地，声称要建茅屋，当多次给予，又忍无可忍，说："把你的茅屋建在我肚子里得了。"于是胡埃巴加杀死了当，在当的坟墓上建起了一座茅屋，茅屋的支柱正好撑在当的肚子上，后来在此基础上建起了第一座王宫。这一

△ 阿波美王宫

地区因而得名当格佐美，意即“在当的肚子里”。后来被法国殖民者称为达荷美（1960年摆脱法国殖民统治独立后，一直沿用达荷美的名称，直到1975年贝宁现任总统、当时达荷美共和国的总统克雷库改国名为贝宁人民共和国）。为了保护都城的安全，胡埃巴加下令在都城的周围开掘一条深8米、宽6米的护城河，以后又建起高墙。护城河被称作阿波多，被圈起来的城市于是被叫做阿波多美，简称阿波美。这就是阿波美王国的起源和名称的由来。胡埃巴加被认为是阿波美王国的创始人，他执政期间，不断扩张，吞并弱小邻国，王国的地盘不断扩大。

18世纪，阿加扎国王将地盘扩至大西洋，直接进行大规模的奴隶贸易，成为西非最庞大的奴隶贸易中心，积聚起了大量的财富。阿波美王国于是成为与黄金海岸、象牙海岸并称的奴隶海岸。王国在盖索国王统治的40年内达到全盛，建立了常备军，为缓解连年征战，扩充地盘引起的人力不足，下令废除活人祭祀，建立一支两万多名女性组成的娘子军。1807年废除奴隶贸易后，开始鼓励进行农业生产，保护手工业。其子格莱莱于1858至1889年执政，继续对外扩张，但由于法国支持其他王国与之抗衡，国势渐弱。1892年法国人攻入阿波美，王宫也在战火中被付之一炬，当时执政的贝汉津国王先后被流放到马提尼克岛和阿尔及利亚，1906年客死他乡，直到1928年其遗体才被运回。贝汉津国王是贝宁的民族英雄，在现今阿波美城的入口处建有庄严的戈洛广场，广场上耸立着高大的贝汉津塑像。贝汉津之弟阿戈里·阿波于1894年继位，1900年即被流放。强大一时的阿波美王国就此土崩瓦解。

1943年，法国殖民当局将阿波美王宫辟为博物馆。

现在的阿波美王宫历史博物馆包括盖索和格莱莱两位国王的宫殿的一部分，占地面积约两公顷。建筑有宫殿、后宫、盖索国王和格莱莱国王的坟墓、活埋他们各自的41个妃子的茅屋、供奉国王灵魂的神庙（神庙的墙据称是用白人奴隶的血和泥砌成）、殖民当局的办公地等。

阿波美王宫历史博物馆有藏品1050件，包括兵器、国王宝座、权杖、首饰、祭台、乐器、浮雕、各种日常器物以及相关的图画、照片等。其中有一件西方人送给国王的产自中国的丝绸长袍。

1984年3月15日，飓风的袭击使阿波美王宫受到极大损害，包括波尔蒂科宫、格莱莱皇帝的陵墓等在内的建筑损失惨重。刻有浮雕的陶墙裸露在恶劣的天气下，遭受着白蚁的吞噬，以至于变得十分脆弱，在雨季则更容易损坏。直到今天，这些珍贵的陶制浮雕仍被用于传统的宗教仪式和王室重大的庆典，因此，保护它们不仅仅是为了保留它所代表的历史，也有助于维持延续下来的传统。

自1984年以来，几项修复工程取得了有效进展。1994年因对遗址的保护遇到了种种障碍，世界遗产委员会呼吁其他国家和组织提供帮助。

1994年，一项工程在非洲博物馆保护组织的启动下得以进行，贝宁政府与其合作，召集了一大批专业人才，在意大利外交部和国际遗产中心的资助下，历经3年研究，汇成长达2500页自1731年至今的文献资料。文献已汇编成册，付诸印刷，并由贝宁的图书馆保存。

1993年，意大利、法国和美国有关人员参观了阿波美王宫之后，盖蒂保护组织的一委员会开始对曾装饰王宫的浮雕进行修复。此项工程历时4年，原来装饰格莱莱宫中的56幅浮雕中的50幅被重新定位，有关专家对贝宁文化遗产保护组织的成员从规划到实际操作方面进行了培训。贝宁政府如今正进行一项修复计划，力争把阿波美王宫从《濒危遗产目录》上去除。

惊世“邛人”大石墓之谜

司马迁在《史记》中记录了包括“邛人”在内当时生活在西南地区的众多少数民族的生活状况，可是在东汉以后，这个神秘部族突然消失了，后来有关史料再也没有关于“邛人”的任何记载，这支民族的消逝成了中国考古学上的一桩谜案。近日在离西昌市30多公里的黄水乡发掘了两座大型的“邛人”“大石墓”，这支神秘民族规模庞大而且十分诡异的丧葬习俗确令人震惊。

在考古工地，两个巨大的坟包岿然屹立在眼前，这两个坟包都是由无数的石头堆成的。一辆吊车开到其中一座最大的古墓（30米长，15米宽，3米高）附近，将石头吊走。两座墓室一共吊走了10多块巨大的石头，最重的一块重达6吨。

据专家介绍，这些大石头是用来做墓顶的，据估计，堆砌大墓的石头至少要运两百辆大卡车。专家说：“最奇怪的是，做墓顶的石头，在方圆20公里内都没有相似的。当时他们是从哪里找到这些石头，又是怎么把这些石头运来，再把它们堆在墓顶的，这些都是谜；而墓前、墓后的巨石有可能是‘邛人，特有的祭祀仪式。虽然现在无法一一说明，但至少证明‘邛人’当时的生产水平和文明达到了相当的程度！”

在发掘两座墓室的过程中，考古专家还发现了大量的人骨，他们将这些骨头保存起来，并将用C14以及DNA技术探测人骨的年代，而且要将这些人骨复原，解决“邛人”的来源问题。专家认为，“邛人”对南方丝绸之路的研究有着重要的意义。西昌一带曾是南方丝绸之路的要塞，而曾经在这里一度繁荣的“邛人”究竟是从哪里来的，又是怎么消失的，是成都平原文化的崛起导致“邛人”的灭亡，还是“邛人”内部原因导致他自身的毁灭？这一切只有等到进一步的研究才能知道。

山顶洞人文化遗址之谜

在距今大约1.8万年前，生活着一群远古的人类。这些人有着与现代人极为相像的面部特征：高起的前额，突出的下颌，低宽的鼻骨，后退的口缘，较小的牙齿，略高的齿冠……更为神奇的是，他们的脑壳很薄，脑腔发达，脑量已经达到现代人的水平。

这些神秘的人究竟是谁呢?

他们就是1930年在龙骨山的山顶洞穴中发现的山顶洞人。

山顶洞人到达龙骨山的时候，“北京人之家”的巨大山洞几乎完全坍塌，幽深的洞室几乎被碎石和泥沙填满了。幸好靠近山顶的地方还存留一个洞穴，山顶洞人就在这里安了家。

1930年一天，为了查明周口店遗址的南部边界，考古学家裴文中和其他考古人员一起清理山顶的浮土。在清理遗址发掘区的西南角时，一个被浮土掩盖的小洞口出现在了他们眼前。这个小洞口面朝北，里面充满了灰色的胶结物。在堆积的胶结物中，混杂着大量化石。

考古人员对这些化石整理后发现，一个比北京猿人进化程度更高的新人种曾在这里生活过，距今只有18000年的人类寄居地——山顶洞就这样被发现了。周口店的考古又一次震惊了世界。

为了进一步了解山顶洞人与北京人的关系，1933—1934年，考古队集中力量对山顶洞进行了开掘。山顶洞文化的底层直接堆积在“北京人”遗址的文化层上。今天的山顶洞洞口并不是当年山顶洞人出入的地方，而是挖掘山洞时为方便运土而人工炸出来的洞口。

山顶洞的洞口高4米，南北宽8米，共由四部分组成：洞口、上室、下室和下窨。上室在洞穴的东半部，南北宽约8米，东西长约14米。在上室文化层中发现有婴儿头骨碎片、骨针、装饰品和少量石器。在地面的中间发现一堆灰烬，底部的石钟乳层面和洞壁的一部分被烧炙，说明上室是山顶洞人的“居住室”。

通过洞穴中的灰烬遗迹，专家们得出结论，山顶洞人已经可以人工取火。从保存火种到人工取火，人类控制自然的能力得到了很大提升。恩格斯认为，摩擦生火第一次使人支配了一种自然力，从而最终把人同动物界分开。山顶洞人取火技术的发明和使用，将人类带入了一个新的时代，为人类文明的进步奠定了坚实的基础。

洞东面的壁墙向西延伸，洞穴慢慢变窄，同时向下凹陷，形成一个深约8米的大坑，这就是被称为“下室”的地方。在这里发现老年男性、中年女性和青年女性头骨各一具，在老年头骨的左侧发现穿孔的介壳，穿孔的狐狸犬齿，在骨盆和股骨周围找到赤铁矿粉和赤铁矿石。这些发现表明下室是一处公共墓地，也是至今所知国内这个时代唯一的墓葬遗存。

另外，考古工作者发现，山顶洞人遗骨排列基本整齐，周围撒有赤铁矿粉末，但这些遗骨发现有轻微破坏。但破坏程度并不是很严重，因为遗骨基本保持原来的联结状态。

下窨在下室深处，是一条南北长3米、东西宽约1米的裂隙。发现了许多完整的动物骨架。

人们在山顶洞中还发掘出了大批异常完整的哺乳动物遗骸，其中数量较多的是各种年龄的虎的化石。学者们推测，人类占据这个洞穴的时间不长，而老虎才可能是这个洞穴长期的主人。

通过发掘，共获得完整的头骨3个，头骨碎片、下颌骨、体骨和一些零星的牙齿。经过对这些化石的综合研究，确认这些化石分别属于8个男女老少不同的个体。由头骨缝的愈合程度和牙齿的生长情况看，其中5个是成年人，包括男女壮年和超过60岁的老人。

从头骨和其他骨化石看，山顶洞人跟现代人在体质上已没有大的区别。山顶洞人及其文化的发现，不仅使人类发展史上的“新人阶段”在中国有了代表者，而且对于对比研究代表直立人阶段的北京猿人，也具有直接的、不容忽视的重要意义。

目前，对山顶洞遗址的发掘工作已基本结束。

山顶洞人所处的自然环境和现在当地的情景相似。山上有茂密的森林，山下有广阔的草原。虎、洞熊、狼、似鬣猎豹、果子狸和牛、羊等生存于其间。

山顶洞人的体质已很进步，脑量已达1300～1500毫升，这些特征和现代人一致。山顶洞人的身高也有了很大的发展，男性身高达到1.74米，女性为1.59米。山顶洞人仍具有一些原始性质，他们头骨粗壮，较长，属长头型；额部倾斜，眉弓发达，眼眶低矮，梨状孔宽阔；下颌骨颏孔位置较低，且较靠后，颏部突度较小，按人类进化过程属于晚期智人阶段，为蒙古人种祖先。

狩猎是山顶洞人主要的食物来源，他们猎取最多的是兔、赤鹿、斑鹿、野猪、羚羊、獾、狐狸等动物。令人惊奇的是，在山顶洞中竟然发现了鸵鸟和其他鸟类的化石，这说明山顶洞人有可能连天上飞的鸟都可以捉到，并把它们变成自己的“盘中餐”。

山顶洞人已经能捕捞水生动物，把生产活动范围扩大至水域，这标志着人类认识和利用自然界的能力的提高。遗址中发现的鲩鱼、鲤科的大胸椎和尾椎化石说明了这一点。

远在18000多年前的山顶洞人，已经有了美的观念，已经会制作和佩带装饰品了。山顶洞人项链的原料是一些色彩各异的石珠、砾石、兽牙、鱼骨和海蚬壳等杂物，他们把这些漂亮的小玩意儿磨光、钻孔，然后用绳子穿起来，一条项链就这样做成了。山顶洞人还在绳子上和装饰品的小孔中染了色。染料就是山顶洞附近的红色石块，就是现在的赤铁矿。他们用石器把这种红色的石块刮磨成粉末，然后涂抹在需要染色的物品上。山顶洞人制成的项链，虽不能与现在的各种项链相媲美，却也是十分的漂亮了。红色的绳子，串联着洁白的石珠、兽牙和淡绿色的砾石。他们把这种项链佩戴在胸前，有时也会戴在手腕上。

山顶洞人还长期佩带兽牙，山顶洞小伙子赤裸着背脊，身上挂满了各式各样穿在一起的兽牙。这种兽牙项链很能表现出他的强悍，挂的兽牙越多越表明他的矫捷健壮，也更能说明他狩猎技术的高超，很能得到异性的青睐。他们佩戴的穿孔兽牙以獾、狐等小型食肉动物的犬齿最多，也有鹿类的犬齿。

△ 山顶洞人遗址

山顶洞人也已经进入了原始的宗教信仰时期，他们将死者埋葬在下室就说明了这一点。山顶洞人的发现，为人类历史研究添上了极为重要的一笔，具有极其重大的意义。

在山顶洞发掘出的化石中，更引人注目的是代表了山顶洞人文明水平的各类文化遗物，如装饰品。

山顶洞出土的装饰品中，有穿孔小石珠、穿孔小砾石、穿孔海蚶壳、穿孔鲩鱼眼上骨、穿孔兽牙和有刻沟的骨管等。遗址出土的穿孔小石珠一共有7颗，分布在一个女性头骨周围的土层中，是这位女性的头饰或项饰。石珠用白色石灰石制成，大小基本相同，表层都有涂过赤铁矿红色的痕迹。

在山顶洞文化遗物中，石珠可以说是最能代表山顶洞人高超技术的一种饰物。穿孔石珠用白色石灰岩薄片制成，轮廓近似四方或多边形，底面磨平。虽然山顶洞人已经对工具的利用较北京猿人发达，但出土的大量石器说明，他们主要的劳动工具仍是石器。穿孔小石珠就是利用石器钻磨而成。他们先用尖状器在小石块上钻制，钻到一定程度，再从钻孔的背面进行打磨，直到磨穿为止。

另外还有一件钻孔的砾石，制作的十分精美。它是一块蛋圆形的砾石，两面扁平，非常像现代女性挂在脖子下的鸡心形项链坠，可见山顶洞人在制作这件装饰品时，在原材料选择上肯定是下了一番工夫的。这件古朴的饰品在刚被发掘出来时就引起了人们的极大兴趣，几乎到了“人见人爱”的境地。小石珠和钻孔小砾石是代表山顶洞人石器工艺最高技术水平的制品。因为对石头进行磨制和钻孔不是一件简单的事情，从世界范围来看，对石头磨制和钻孔是几千年前的新石器时代才流行起来的工艺，而它在3万年前的山顶洞遗址已经出现了。

山顶洞的出土物中还有很多穿孔兽牙，有120多颗。其中又以獾牙最多，有60颗。其次是狐牙、鹿牙、黄鼠狼牙，最少的是老虎和野猫，各1颗。此外，还有2颗犬齿弄不清是哪种食肉类的。这些穿孔兽牙除了1颗虎的门齿和3颗鹿的门齿外，其余全是犬齿。

为什么当时人们偏爱犬齿呢？据考古学家贾兰坡研究后认为，犬齿比其他牙齿的齿根长、齿腔大，容易穿孔，另外犬齿在齿列中数目最少，同时犬齿形状美观、尖锐有力，比其他牙齿更能显示猎人的英雄气概。

山顶洞遗址还出土了一支磨光鹿角。有人猜测它们是当时巫师使用的魔杖，也有人认为这是投矛器，用它做依托，猎人们投掷尖端装有石矛头的标枪时可以成倍地提高有效射程。山顶洞的鹿角表面光滑，可能因为在地层里长期被化学侵蚀，看不出原来是否有图案。

大约在5万年前的旧石器时代，人类就会制作和使用针了。这种针是用细骨制作的。山顶洞人遗址出土的一枚骨针，制作水平十分高，针长82毫米，直径3毫米，比火柴棒略粗，针身略弯，表面光滑，尖端很锋利，针孔很清楚，是用尖利的器物挖出来的。遗憾的是，出土时针孔已损坏。据推测，山顶洞人用这种骨针来缝制简单的皮衣。据专家分析，山顶洞人使用的线，极可能是鹿的韧带。从一种称为狞鹿的身上取下来的韧带，可长达半米以上，又细又白，犹如生丝，用这种韧带做线是很理想的。

山顶洞出土的动物化石数量和内容很丰富，脊椎动物化石共54种，绝灭动物只有洞熊、最后斑鬣狗和鸵鸟3种。哺乳类动物一共发现49种，包括最后鬣狗、野驴、狍、斑鹿、马鹿、羚羊、貉等中国北方常见动物，还有一批适应草原环境的啮齿类，如鼢鼠、仓鼠等。这些出土的动物化石对于判断山顶洞人的时代、生态环境和生活情形有重要意义，遗址中有很多花面狸、猎豹和象等喜暖种类，说明山顶洞人生活的时期这一带气候比较温和。

遗址中还发现用鲩鱼眼上骨钻孔做成的垂饰和一些鱼的脊椎。根据鱼类学家研究，那件眼上骨和几件脊椎骨属于大鲩鱼和大鲤鱼。鲩鱼生前的体长达80厘米，鲤鱼也多半为大中型。大鱼生存需要比较深和宽的水域，说明山顶洞时期这一带不但气候比现在温暖、湿润得多，而且草木茂盛，河湖充盈，一派生机。

山顶洞遗址的发现给考古学家们带来许多惊喜，同时也留下许多有待解开的谜团。

一、与横越万里的异族通婚

美国人类学家魏敦瑞于1939年发表关于山顶洞人化石的研究报告。对于3个头骨，他认为它们的结构特征差别很显著：老年男性头骨在测量数据上很接近欧洲的克罗马农人，但形态上又可以确定为原始的蒙古人种；两具女性头骨中那具中年的可能属于今天生活在北极地区的爱斯基摩人，而青年的那具则与南太平洋岛屿上的密克罗尼西亚人相像，后两者也是蒙古人种，但分别属于不同的支系。魏敦瑞解释这种不同种族组成一个家庭的现象是当时盛行不同人群的掠夺婚姻造成的。不过，在几万年前的交通条件下，这些相距遥远的人们是怎样走到一起的呢?

于是这位美国人类学家发挥了他超常的美国式想象力，他说，山顶洞中发现的人类化石代表了一个家庭，一位老人娶了一老一少两位妻子。

对于这样一个可能是跨越洲际的婚恋事件，学者们没能做出令人信服的合理的解释。

我国的考古学家裴文中在1952年提出，山顶洞人时代人种尚未分化和定型，它们之间的差别只是个体之间的差别。后来，它们中一些人留在本地，逐渐形成了今天的蒙古人种，一些向北迁移并且最后定居在北极地区，成了今天的爱斯基摩人。另外还有一部分向东南迁徙到太平洋岛屿上，成了今天适应海洋生活的密克罗尼西亚人。

人类学家吴新智也在1960年发表论文指出，魏敦瑞的一些测量数据不够精确，造成3个头骨之间的一些差异被夸大了。和裴文中一样，吴新智主张3

个头骨的种种特征实际上是处于形成中的蒙古人种变异范围之内。

实际上，在整个人类进化过程中，无论哪一时期、哪一地区都不存在“纯之又纯”的人种，今天生活在地球上各地的人群是人类经历长期进化、迁移、交流和融合的产物。

二、山顶洞人的墓地

目前来看，在山顶洞遗址发现的人类化石大约代表10个个体，包括不同的年龄段，从老年、壮年、青少年到幼儿都有，甚至包括一个新生婴儿。上述化石并不是集中在同一个地方，其中在下室出土了3个头骨和部分体骨。发掘过程中，考古工作者就提出了疑问，这些尸骨已经被扰乱过，但到底是谁扰乱了他们的遗址，目的又是什么呢？20世纪60年代，学者们就开始针对这个问题进行了大规模的讨论。有人认为是敌对的部落跑来“挖祖坟”，也有学者认为是鬣狗所为，与人无关，山顶洞不是出土过这种喜欢吃腐肉的“草原清道夫”的完整骨架吗？我国考古界的权威贾兰坡则认为“二次葬”比较可信。

三、穿孔贝壳的来历

在山顶洞出土的装饰品中还有三只穿孔贝壳，经过鉴定它们不是淡水贝类而是生长在海水里的海蚶。现在的山顶洞距离最近的渤海湾大约为165公里，山顶洞人不顾路途遥远，亲自到海边采集贝壳的可能性不大。那么，这些贝壳是从哪里得来的呢？有专家认为，山顶洞时期已经出现了物品交换，这些贝壳就是山顶洞人通过以物易物的方式从生活在海边的部落那里交换来的。也有专家认为，是海陆变迁缩短了山顶洞与海洋的距离，使山顶洞人有机会采集这些贝壳。据测定，山顶洞人生活在末次冰期中的一个暖期，这时华北一些沿海地区曾经发生过不同程度的海侵现象。于是部分专家认为，当时的海平面大幅度上升，缩短了山顶洞与海边的距离。不过，这些推测是否正确还有待于详细的地质钻探资料来证明。

龙山文化遗址之谜

山东历城龙山镇（今属章丘市）有一处被村民称为“城子崖”的地方，后来经考古学家考证，这是一处史前文化遗址，即龙山文化遗址。随后，我国对于龙山文化遗址的发掘工作大规模展开，迄今为止在黄河中下游地区发掘的龙山文化遗址已达上千座，而龙山镇的“城子崖”因其独特而大放异彩。

龙山镇城子崖遗址位于章丘市龙山镇境内，是一处高出平地3～5米的长方形台地，因其外形像城垣，故当地村民称之为“城子崖”。龙山文化的发现要追溯到考古学刚刚引入中国的20世纪20年代。

1928年4月4日，年仅28岁的吴金鼎准备去汉文化平陵古城进行考古调查，那时他还是北京清华学校人类学专业二年级的学生。平陵在山东章丘龙山东北，早在春秋时期就是一个重要的城邑。到汉代，因长安附近也有个平陵，所以这里就改名叫“东平陵”，是济南王国的都城。

吴金鼎到达平陵后，登上一个高埠东眺，一个小城状台城进入了他的视野，一问才知道“城子崖”，当地人俗称“鸭鹅城”。这个城子崖让吴金鼎莫名奇妙地激动起来，立刻奔到城子崖下。

城子崖西面的断崖上，火烧的痕迹十分明显，仔细一瞧，还有陶井、贝壳和动物的骨头。吴金鼎随手挖了几下，竟挖出两枚骨锥，而且制作特别粗糙，一个想法涌上了吴金鼎的脑海：它们是远古遗物。经过认真的勘察贝壳、兽骨，却不见有金属，是一处远古文化遗址。

同年7月31日，吴金鼎再次到城子崖，这次他从三四米深的地下挖掘出一只完整的石斧。紧接着他又先后两次来到龙山，并在遗址深处挖掘出了一种从没见过的漆黑发亮的陶片。

吴金鼎很快就将自己的发现报告给他的老师李济先生。李济素有“中国考古学奠基人”的美誉，毕业于著名的哈佛大学，当时正在主持河南殷墟的发掘工作，但殷墟发掘因故暂停，便计划到临淄的齐国故城开展工作。他在吴金鼎的陪同下，到城子崖进行了实地考察，当那些陶片、贝壳、兽骨跃入他的视野后，他立刻决定要在这里开展进一步的发掘工作。

随后，中央研究院与山东省政府联合组建了“山东古迹研究会”，并于1930年11月对城子崖进行了首次挖掘。就这样，城子崖在沉睡了4000多年之后，又重新展示在世人面前。这次发掘出土了大量的石器和卜骨，出土的陶器以黑陶居多。城子崖的黑陶质地细致，有的厚度仅1～2毫米，引起了国内外考古界的关注。

1931年，为了获得更多的研究资料，在考古学家梁思永的主持下，对城子崖遗址进行了第二次挖掘，这次发掘正式确认城子崖为一处以黑陶器为特点的新石器时代的遗址。

从两次挖掘情况来看，城子崖遗址的文化层堆积很厚，一般为四米左右，最厚可达六米以上。从文化层可分两层：上层出土有陶器、石器、蚌器和少量铜器，其中陶器以灰陶为主，所以专家把上层称为“灰陶文化期”；下层厚三米左右，是早期居民的遗存，属新石器时代晚期，因这一层出土的黑陶居多，便称为“黑陶文化层”。

下层挖掘出土了大批的黑陶器皿，大都制作精良，“黑如漆、亮如镜、薄如壳、声如磬”的蛋壳黑陶，更是稀世珍品，这种黑陶新文化距今约4600年左右，与我国西部发现的彩陶文化迥然不同，由此，城子崖遗址便成为中国考古史上的一块圣地。1990年，山东省文物考古研究所对城子崖遗址进行了第三次发掘。

城子崖遗址是中国近代考古学产生后由中国学者发现、发掘的第一个史前时代遗址，发掘中首次运用了考古地层学的理论和方法，并出版了我国第一部田野考古发掘报告——《城子崖》。城子崖的独立发掘对后来中国考古学的发展有着十分深远的影响，被誉为“中国考古第一案”。

城子崖遗址由于发现在龙山镇，故被命名为“龙山文化”。龙山文化在以后的数十年里成为了山东地区史前研究的一个重点，而龙山文化这个名称，后来更是成为新石器时代末期中国原始文化的代名词。城子崖遗址的发掘不仅发现了龙山文化，也揭示了我国历史上的一个新篇章，即龙山时代。这一重大发现为探索我国古代文明的起源提供了线索，也指出了方向，从根本上扭转了中国文化西来说的偏见。

吴金鼎发现龙山镇的城子崖遗址后不久，考古学家又在山东东部沿海地区发现了多处龙山文化遗址，其中最为典型的是日照两城镇，被称为“一级龙山文化遗址”和“中心聚落即都城”。日照两城遗址是我国近代考古学家王献唐于1934年发现的，1936由梁思永等主持发掘，共发掘了五十多座墓葬，随葬品特别丰富。后来经中美联合调查组仔细考察证实，日照两城遗址中心区面积达100万平方米，全部面积约在200万平方米之内，其文化内涵相当丰富，对于了解龙山文化的总体概貌，确立其在中国古代文明史上的重要地位，均具有不可估量的重大参考价值。

新中国成立以后，山东地区的考古工作一直在全国居于领先地位，对于龙山文化的研究也在逐步积累的基础上不断的深入。自1984年以来，章丘城子崖、临淄田旺、邹平丁庄、阳谷景阳冈、王庄、皇姑冢、茌平教场铺、大尉、尚庄、东阿王集及日照丹士村都发现了龙山文化古城。目前，龙山文化遗址的总数量已经超过了1000多座，其中经过正式发掘的就有60多处，龙山城的陆续发现，以及文字和铜器的出土，更是将龙山文化的研究推向了高潮。

龙山城址的大小从数万平方米到35万平方米不等，一般周围都有城墙、城壕围绕，有些城内还发现有夯土台基。邹平西公古城内还出土了具有辞章性的陶文。在这些龙山城内也发现了大批的墓葬，从墓葬出土的陪葬品来看，这时绝大多数居民已沦为穷人。潍坊呈子发掘的87座龙山文化墓葬中，没有和很少随葬品的墓多达71座，占总数的74%，其中身无一物的竟有54座。而富人墓中不仅有众多精美的陶器，还有代表财产的猪下颌骨和玉、骨装饰品。这时的龙山时代已经出现了国家，社会步入了文明时代。

虽然龙山文化遗址已经发现1000多座，但各地龙山文化的面貌、来源并不相同，一般区分为山东龙山文化、河南龙山文化、陕西龙山文化、山西陶寺类型等几大类。其中山东龙山文化作为龙山文化的主要分布地区，以造型精美、漆黑透亮的黑陶和蛋壳陶著称，成为龙山文化中最具特色的一支。城子崖遗址的发掘和龙山文化的确认，使中国文化西来说不攻自破，有力地证明了中国五千年文明史的辉煌。

龙山人分布在今山东全境、河南大部、陕西南部与山西西南一带。龙山文化是仰韶文化的继续，龙山人相较仰韶人来说在农业和手工业方面都有了很大的发展。

龙山人已经进入了相对稳定的定居时期，稳定的定居生活构成了龙山人农业生产大力发展的前提。龙山人农业的发达主要表现在农具种类和比例的变化上。生产工具中，石、骨、蚌类的农具特别多，而且种类也十分丰富多样，特别是石镰和石刀的出现，形态大小都和现在当地人使用的铁制工具十分相似，正是这样先进的生产工具使龙山人创造了灿烂辉煌的农业文化。酿酒也是龙山人掌握的一项新技术，并且发明了各种各样的储酒饮酒器具，丰富了龙山人的精神生活。

龙山人的家畜饲养业十分发达，同时渔猎活动也在他们的生活中占有一定比重。龙山文化遗址出土了大量的动物和鱼类骨骼以及渔猎工具，尤其是位于鲁东南沿海地区的龙山遗址，渔猎类遗存特别丰富，说明龙山人会依据环境的不同选择不同的生存方式。

农业的发展和技术的不断提高，也促进了社会的分化和劳动力的剩余，龙山人的手工业生产十分发达，其中，最引人注目的是陶器制造业的高超成就。

龙山文化的制陶工艺已经发展得十分合理，能够根据不同的功能来配制不同的陶土原料，并使用拼接技术使陶器可以十分巨大而又坚固。原始的陶器成形技术为手制，用泥条盘筑法，其器胎较厚重，表面亦少光亮。后来龙山人发明旋转的陶轮，由慢轮修整过渡到快轮成形。陶轮普遍采用后，便出现薄陶器，多灰黑陶，流行于中原和南方，彩陶便衰落下去。龙山人也对陶窑进行改进，并掌握了封窑技术，使工艺有了极大的提高。

龙山人制作黑陶的技术堪称一绝，是继半坡彩陶后中国新石器时代制陶业出现的一个高峰。其造型较仰韶彩陶亦有所不同，更多从生活实用出发，设计新颖巧妙，讲求实效，且更具美感。黑陶的制作是龙山人的伟大发明，就是在器物烧成的最后一个阶段，从窑顶徐徐加水，使木炭熄灭，产生浓烟，有意让烟熏黑，从而形成黑色陶器。

与仰韶文化的住房相比较，龙山人房屋面积有所缩小。但这时的某些聚落已扩大为城市。建筑除半地穴外，还出现了地面房屋。龙山人已经有了室内装修的意识，建筑的室内地面与墙面都被涂以白粉，以使室内整洁明亮。在龙山遗址中发现了大量的夯土城堡，例如河南安阳的后岗古城，残长70余米；河南淮阳平粮台的正方形城址，面积有5万多平方米；河南登封王城岗，面积共1万平方米；山东章丘城子崖，面积达20万平方米，是现今所见龙山文化最大的城址。

中国在5400多年前已有骨卜的习惯，但在龙山人生活的年代，骨卜才真正普遍起来。用骨占卜不是容易的事，非一般人所能施行，因此龙山人对巫的权威十分推崇。龙山人已经有了大型的祭祀活动，在龙山文化陶寺遗址中，蒙了鳄鱼皮的鼍鼓和大型石磬等乐器一起出土，这些都是祭祀活动中的重器，一直到商代西北岗的王陵中，都还有这种成组的鼍鼓特磬出土。从社会形态看，龙山人所在的社会已经进入父权制社会，私有财产已经出现，开始跨入阶级社会门槛。

龙山文化起初叫“黑陶文化”，20世纪30年代由于在城子崖发现了大量的黑陶和蛋壳黑陶，所以考古学家们给它起了个名字“黑陶文化”。龙山文化是后来的命名，由此可见黑陶之于龙山的重要性。

山东龙山文化黑陶，器形品种较之彩陶更加丰富，亦渐规整。主要有罐、盆、鬲、豆、杯、鼎等。黑陶的装饰极简朴，除早期采用泥条盘筑法而留有编织纹、篮纹、绳纹及某些以镂空的手法雕镂出的花纹外，一般不重装饰，而是以器体造型的丰富多变和设计新颖巧妙取胜。山东龙山文化黑陶在轮制过程中，在器体上留下了许多意外的凹凸线条，也具有一种韵律美。

在龙山文化遗址出土的炊具中，独具特色的要属鬲了。鬲是在鼎的基础上发展起来的，为空心三足，其中足底的中间是空的，这样能够在煮水和食物时缩短炊煮时间。而鬲的造型也十分优美，3只丰满的袋足显得尤为稳定和匀称，稳重中含有一种灵活轻快的韵味。

鬶的造型可能受鸟类的启示，很像一只伸着长喙的鸟，也有3只丰满的袋足稳定而立，然在形体结构上与鬲有所不同，它一侧鸟喙式长流向上、向外伸展，显得非常活泼、灵巧，形成新的平衡，使它既便于握持和提取，又便于倾倒，成为黑陶工艺的杰出代表，体现了山东龙山文化的发达水平和制陶匠师高超的设计能力。其他像杯、豆、簋等器物的设计制作亦颇具匠心，器物各部件比彩陶要丰富多样。

在龙山文化时期遗址中还出土了一些铜冶制品，在山东胶县三里河遗址曾出土了两件黄铜锥形器，杨家圈遗址也出土过1件铜条和一些铜渣，临沂大范庄遗址甚至还出土了铜制工具，这说明龙山时期生产力有了很大的发展，正处于新石器时代的中晚期。

龙山文化类型遗址还保留有很多古城址，近年来一些古城址和古城墙频频被发现。这些建筑普遍采用了挖槽筑墙技术，在我国建筑史上占有重要地位。

1984年，在寿光县边线王村发现一古城址。城址分大小两处，大城面积约5.7万平方米，呈抹角方形，小城面积约1万平方米左右，两座城的格局已经十分成熟。小城在大城之内，居中偏南，四边城墙之中部各有一道门，门宽约10米。大城址距今约3800年左右，小城距今约3900年左右。

在山东城子崖博物馆有一段古城墙遗址，经考古专家们研究推断，复原后的这段城墙高约10米，城墙宽13～15米，南北长450米，东西宽390米，城址呈长方形，总面积为17.55万平方米。这段古城墙是原始人用堆筑的方法筑起的。首先是清挖地基，然后聚土，再用木块、石块夯筑而成的。城子崖遗址所保存的这段城墙，是目前发现的世界上最早的城墙。

作为黄河流域新石器时代文明的代表，龙山文化带给人们的不仅仅是发达的建筑文明，高超的手工业技术，同时留给我们的还有许多未解之谜。

在城子崖出土的众多文物中，最具有代表性的是举世闻名的蛋壳黑陶杯。这件比较完整的黑陶杯高20厘米，最薄处仅0.2毫米，整个黑陶杯重量不足50克。考古专家们形容它为："黑如漆，亮如镜，薄如纸，硬如壳，掂之飘忽若无，敲之铮铮有声。"就是这件蛋壳黑陶杯被世界考古界誉为"四千年前地球文明最精致之制作"。面对着如此精致的文物，考古学家们心里的疑问也随之产生。

蛋壳黑陶杯是从龙山文化层里出土的，已经有着4000多年的历史，身处新石器时代晚期的龙山人到底是如何制作出这样的惊世之作呢，是用手工捏制出来的，还是轮转拉制而成?

考古专家为了解开这个谜团，专门模拟了当时所处的环境，仿制了当时的一切工具，想尽了一切办法，终究没能烧出蛋壳黑陶。还有专家提出，别说模拟当时的环境进行烧制，就是利用现代的一切科学技术手段，也无法克隆出这样的蛋壳黑陶杯。

龙山文化留给考古学家的难题还不止这一个，更让考古界争论不休的是关于城子崖城墙夹缝中商代消失的问题。

山东城子崖博物馆有一段古城墙遗址，是目前发现的世界上最早的城墙，这段土墙明显地分为三个层次，就在这三个层次中，考古学家们发现了历史的断裂。

这段古城墙最下面的土墙颜色为深灰色，就是距今4600年前的龙山文化时期的土墙。再往上，土墙的颜色变淡了，成了黄褐色，就是后来的岳石文化时期的古城墙，在这一段古城墙明显变得窄了，说明筑墙的方法也改变了，由简单的堆筑变成版筑。城墙的功能也发生了变化，主要作用便是防御了。接下来是春秋时期的城墙遗址。

这段墙向我们展示了夏代之前、夏代以及东周时期的历史。但处在夏、周之间的商代却没有任何标志性的文物出现。商代在这里，仿佛奇迹般地消失了。

难道，在商代，地处城子崖的古城成了空城?至今考古学家也没有找到答案。

北匈奴西迁之谜

匈奴是中国北方一个古老的游牧民族，他们骁勇善战，终日与马为伴，被称为“马背上的民族”。也许是居无定所的原因，这个民族喜欢扩张，喜欢战争，这是他们的本性，也是他们的无奈。中国古代历史中，总有匈奴的影子，或是抗击匈奴或是与匈奴结盟，并且在汉代和唐朝匈奴人的活动最频繁，于是汉人与匈奴人的故事被记载在诗歌、史书和百姓的口头流传中。

长期以来匈奴人与中原人民有着经济、文化的联系。自汉武帝大规模抗击匈奴后势力衰落，48年，匈奴分裂，南匈奴逐渐归汉，北匈奴继续盘踞在漠北。89年东汉联合南匈奴一起夹击北匈奴，取得大胜。又过了几年，东汉的军队在今天的阿尔泰山附近大败北匈奴，他们落荒而逃，从此，北匈奴在东方销声匿迹。一个剽悍民族的消失自古以来就是吸引人们追寻的谜，况且这个民族还与我们有着千丝万缕的联系，那么匈奴人的结局如何？一直成为千百年来人们追问的一个话题。有人说，他们逃往了西方，在我国的史书上还有一些零星的记录，但是他们究竟走的什么路线，到了什么地方，长期不得而知。好奇的人们一直想揭开这个谜底。

一种说法是融合于其他民族，国内外的研究表明，历史上一度十分强盛的匈奴，在中国北方、中亚乃至欧洲各地不断地进行争战、迁居、再争战、再迁居，经过几个世纪与当地居民的混杂、通婚和民族融合，作为民族的匈奴在6世纪后基本消失，渐渐同化到其他民族之中，其所经地区其他民族或多或少都带上了匈奴“因素”。

其实，在内外交困等诸多因素之下，匈奴人或南迁，或西迁（近则中亚，远至欧洲），或滞留草原，通过婚姻、吞并、臣服、迁居等形式融合到其他民族之中的做法是在情理之中的。所以现在持这种看法的人是大多数。

△ 匈奴

专家们说：虽然匈奴作为一个民族消失了，但其文化习俗仍部分保留下来了。以现在主要流行于蒙古国、俄罗斯以及中国的内蒙古与新疆的“胡笳”为例，胡笳虽为匈奴乐器，但其传播、继承却早已超出了匈奴。

关于匈奴族的迁徙，中国史书记载得并不详细。最近考古家证实位于陕西省靖边县毛乌素沙漠南缘的统万城，是世界上发现的唯一的匈奴都城遗址。相比之下，欧洲学者对北匈奴西迁这段历史的记载更为翔实：91年匈奴开始了史无前例的民族大迁移：北匈奴西迁的第一站是乌孙的地盘，即现在的伊犁河上游一带；第二站是康居，也就是锡尔河上游东部；第三站为阿兰聊，已经到了欧洲边缘。在91年到290年长达两百年的历程中，这个北方的苍狼为了梦中的家园，在雪地中、沙漠里艰难跋涉。当《波斯史》中提到3世纪末匈奴出现在阿兰聊时，北匈奴人已经对他面前弱小的西方民族露出了爪牙……4世纪中叶，阿兰聊灭国，西方震动。从此，匈奴在西方的活动开始频繁起来。433年，在匈奴历史上出现了一位传奇人物阿提拉，阿提拉时期的匈奴帝国是匈奴史的最后一章，也是最辉煌的一章。他使罗马人蒙羞，使日耳曼人丧胆，具有令西方人沮丧而无奈的强大力量，以至于他和他的匈奴铁骑都被称为“上帝之鞭”。

关于阿提拉本人各方面的记载，西方史书上有很多生动具体的描写：阿提拉年轻时作战勇猛，登基之后则更主要地是依靠他的头脑，而不是他的武功，完成了对北方的征服。他具有勃勃野心和高超的政治外交手腕，而且为人狡猾、残忍。据传说，他曾自称拥有战神之剑，所以当部下晋见时，如若正面直视他则必须同时后退，否则会烧坏自己的眼睛。他有一个凶猛地转动眼珠的习惯，好像他乐于欣赏受他惊吓的人的恐惧。阿提拉在生活上崇尚简朴，却很能容忍部下的奢侈。他的臣民对他极其敬畏，在他外出巡查的时候，凡见到他必向其欢呼，以示服从；进出宫殿必有华盖迎送，逢宴会还有专为他谱写的赞歌。他甚至还有罗马人赠送的私人秘书。阿提拉的长相似乎令人不敢恭维。据记载，他身材矮胖，双肩很宽，短粗的脖子上长着一个硕大无比的头颅，有粗硬的黑发和稀疏的胡须，鼻子扁平，一双黑眼睛锐利而阴鸷。尽管这种描写似乎有些不太恭敬，但有一点毫无疑问，这肯定是一个东方人的形象。也许这说明经过三百多年的西迁后，匈奴人并没有被其他民族混血得失去了原来的体质特征。

还有很多学者提出当今匈牙利人的祖先就是匈奴人。他们举出了许多的证据：比如，匈牙利人吹唢呐和剪纸的情形和中国陕北的一样，他们说话的尾音也与陕北口音很相似。匈牙利诗人裴多菲在一首诗中曾经这样写道，我们那遥远的祖先，你们是怎么从亚洲走过漫长的道路，来到多瑙河边建立起国家的？很多匈牙利学者都认为这个国家与匈奴后裔有着密切的关系。

当然以上的几种推测都是后人的猜测和美好的愿望，至于匈奴人是否就是现在匈牙利人的祖先，匈奴人是不是融合在了欧洲各国，目前还没有更充分的证据，但这并不会阻挡人们想象的翅膀，这一美丽的设想给东西方文化盖上了一层神秘的面纱，恐怕是遥远的匈奴人当初并没有想到的。

楼兰古城之谜

西域三十六国之一的楼兰在历史舞台上只活跃了四五百年，便在4世纪神秘消亡，是什么原因使得这座曾经辉煌一时的古城突然神秘消失呢，至今大家说法不一。20世纪初，瑞典探险家斯文·赫定又将这座神秘的古城重新发现，整个世界也为之轰动，世人称之为“东方庞贝城”。从此一百多年来，楼兰古城一直是中国乃至世界各地探险家、史学家、旅行家所向往的地方。楼兰古墓、楼兰彩棺、楼兰美女，不断重见天日的发掘并没有消除人们的疑惑，相反却使得楼兰古城的神秘色彩更加浓厚。人们在进行着各种各样的猜测。

我们先来看看历史上楼兰古城的样子，《史记·大宛列传》和《汉书·西域传》上记载，早在2世纪以前，楼兰古城就是西域一个著名的“城郭之园”，拥有一万四千多居民，三千多士兵，是西域一个势力极其强大的国家。楼兰古城又是古代丝绸之路的必经之地，当年这里聚集着各国的使者、商人，他们进行着繁忙的商业活动，因此这里交通繁忙，经济非常繁荣。但令人不解的是，这座曾经如此繁茂的楼兰古城为何在繁荣兴旺了五六百年之后，突然从史书和地球上销声匿迹了呢?

1901年，瑞典探险家斯文·赫定为了寻找那失踪的斧子而在罗布泊北发现了楼兰古城，他为楼兰古城的宏伟和完整而惊讶，于是他向世人宣布这是“沙漠中庞贝城的再现”，整个世界也为之轰动。中外学者们一致认为，楼兰古城是丝绸之路上繁盛一时的古楼兰国的历史遗迹中最重要的一部分，它的发现具有重要的价值，对于研究中亚的古代史、丝绸之路的历史变迁、中西文化的交流与相融具有至关重要的作用。在这之后，大批考古学家进入这座神秘的古城。这些考古学家在楼兰古城和罗布泊地区发掘出大量震惊世界的文物。其中包括新石器时代的石斧、木器、陶器、铜器、玻璃制品、古钱

△ 楼兰古城遗址

币等，在这些发现中以晋代手抄《战国策》和汉锦最为珍贵。据专家考证，这份手抄字纸，仅仅比蔡伦发明纸晚一二百年，比欧洲人最古的字纸大约要早六七百年。同时出土的汉锦，做工相当精致，花纹清楚，色彩绚丽。另一重大发现是当年任西晋西域长史的李柏给焉耆王的信件，也就是人们常说的“李柏文书”。这些考古学家根据他们的发掘研究，撰写发表了一系列关于楼兰古城的文章，他们一直称赞楼兰是一个埋藏在“沙漠中的宝地”，是历史遗落下来的“博物馆”、“东方的庞贝城”。

1927年，我国科学家开始了对楼兰古城的考察。当年随中瑞（典）西北科学考察团来楼兰的著名考古学家黄文弼和地理学家陈宗器，曾先后多次到达罗布泊北岸考察，他们在楼兰遗址出土了70多枚写有明确的西汉纪年的汉文木简，还出土了相当数量的铜器、铁器、漆器、木器和骨、石、陶器，以及丝、麻织品残片。新中国的科学家更加关注楼兰古城的考古发掘。他们为此做了大量的工作，20世纪70年代末，日本NHK电视台与中央电视台联合摄制电视片《丝绸之路》。他们组织队伍曾经先后三次深入罗布泊地区，又一次发现了珍贵的魏晋时期的汉文木简、文书（包括少量的法卢文）及大量的古钱、毛织物、丝织品、皮革制品、漆器等珍贵文物。更可贵的是他们勘测绘制了楼兰古城地形图。经精确测量，判定古楼兰城位于东经89° 55′ 12″，北纬40° 30′ 57″。古城占地12万平方米，略成正方形，边长约330米。

两千年前，楼兰古城是丝绸之路上的南北贯通、东西交汇的重要交通枢纽；这里有着极其繁盛的商业活动，是中国对外交往的一个重要窗口。这里还有着灿烂的文化和精巧的手工工艺。那么这个辉煌一时的古代商城为何会在极短的时间内消失得无影无踪了呢？这个问题一直是人们争论的焦点。

有学者认为，楼兰在毁灭的过程中，生态环境的破坏起到了不可忽视的推波助澜的作用。楼兰曾是个河网遍布、生机勃勃的绿洲。然而声势浩大的“太阳墓葬”却为楼兰的毁灭埋下了隐患。“太阳墓”外表奇特而壮观，围绕墓穴的是一层套一层的共七层由细而粗的圆木。木桩由内而外，粗细有序。圈外又有呈放射状四面展开的列木，井然不乱，蔚为壮观，整个外形酷似一个太阳，很容易让人产生各种神秘的联想。“太阳墓”的盛行，大量树木被砍伐，使楼兰人在不知不觉中埋葬了自己的家园。还有学者认为战争是直接导致楼兰古国消亡的原因。在海上贸易时代之前，东西方贸易只有一条漫长的“丝绸之路”。“丝绸之路”沿线各国，尤其是塔里木南边的鄯善，就成了周边列强掠夺的重要对象。

还有学者认为，楼兰古城的消失是由于罗布泊北移，导致楼兰城水源枯竭，树木枯死，曾经兴旺一时的楼兰古城面临着死亡的威胁，人们为了生存弃城而走，去寻找新的水源。由于失去了罗布泊水的滋养，狂风肆虐，沙土不断堆积，楼兰古城最终被沙土淹没。

学者们根据已经发掘的材料在进行着各种推断，但究竟为什么极度辉煌的楼兰古城会在这么短的时间消失的无影无踪？谁也无法断然下结论。我们期待着考古工作者会有更多的发现，期待着他们早日为我们揭开楼兰古国之谜。

埃及的金字塔是怎样建造的

小时候用积木搭起一座座“宫殿”的时候，你有没想过要把它搭成一座高达数百米的巨大建筑？如果让你用每块重达数十上百吨的巨石来搭建它，你又会怎么做呢?

在尼罗河河谷与撒哈拉沙漠的汇合地吉萨，矗立着古代世界的金字塔。胡夫金字塔是其中最高的一座，金字塔用巨石砌成，石块之间不用任何黏着物，而是由石块与石块相互叠积而成，人们甚至很难将一把锋利的刀片插入石块之间的缝隙，迄今金字塔已经历了近5000年的风风雨雨，至今它仍傲视长空，巍峨壮观，令人赞叹!

那么，金字塔是怎样建造的呢？这一问题曾引起了许多学者研讨的兴趣，但他们的说法不大一样。

一般认为是这样建造的：首先采石，工匠们把加工过的平整光滑的巨石用人或牛拉的木橇运往现场。由于木橇运行需一条平坦的道路，这就需要先修路，据估计仅这项工程就花去了将近10年的时间。可是，他们又是如何把一块块巨石一直垒到百米以上的高度呢？据传，工匠们先把地面一层砌好，然后堆起一个与第一层一样高的土坡，这样，就可以沿着土坡把石块拉上第二层。以此类推，等到塔建成后，再将土坡移走，让金字塔显露出来。在技术非常落后的古代，进行如此巨大的工程是异常艰苦的。这些金字塔的建成，充分显示出建造者已经掌握了相当丰富的物理学和数学知识，表现了古代埃及劳动人民的聪明才智。

对于埃及人建造金字塔的巨石是用天然石块加工而成，还是另有别的制法？有专家对此做了深入研究。法国化学家戴维杜维斯认为，建造金字塔的巨石不是天然的石块，而是人工浇注而成的。为此，这位科学家进行了一些

△ 雄伟的埃及金字塔

实验，他对从金字塔上取下的小石逐个加以化验，化验结果表明，这些石块是由人工浇注的贝壳石灰矿组成。他又据此推测，当时埃及工匠建造金字塔时，很有可能先把搅拌好的混凝土装进筐里，再抬上正在建造中的金字塔。另外，他还在石块中发现一缕大约有2.5厘米长的头发。这缕头发很可能就是古埃及人聪明才智和辛勤劳动的见证。他的这一见解吸引了世界学术文化界的广泛注意。

为了揭开披在金字塔身上的神秘的面纱，1978年3月，日本早稻田大学古代埃及调查室组织了一支考古实验队，采用模拟古代埃及人造塔的方法，在古塔的前面建造了一座新塔，其规模相当于原塔的1/4。首先是如何采石。实验队先在石面上凿出连成点线的小孔，然后打进木楔子，通过不断敲击直至产生裂缝。而且，至今在阿斯旺采石场上，还可找到残留有木楔子痕迹而未切割下来的石料。由此可见，这个办法可能与当年的方法相符合。石块又如何搬到现场呢？他们以木橇载着石块，用人力牵引，慢慢运至工地。最后，实验证实了古埃及人在没有现代化机械起重设备的条件下，仍然可以把一块块巨石砌上去，直至墓室最上一层的三角形尖顶。这个实验向人们揭示出古埃及人正是建造金字塔的真正主人。

金字塔中的神秘力量来自何方

在位于北非埃及的尼罗河畔散落着80多座金字塔，成为世界八大奇迹之一。金字塔在人们心中不仅仅是法老的陵墓，还成为一种神秘力量的象征。围绕着金字塔也产生了一系列的未解之谜。据说金字塔具有的这种神秘之力作用于人体或物体，会产生某种神奇的结果。那么这种力量是什么，又是从哪来的呢，有什么作用呢？目前世界上已有许多科学家对这些问题进行了探索。

法国人鲍比最初发现金字塔具有神秘之力。鲍比进入大金字塔里考察时，发现塔内温度十分高，但残留于塔内的生物遗体却并不腐烂变质，反而脱水变干，保存久远。鲍比据此推断塔内可能有某种不可思议的力在起作用。

意大利的学者还发现如果人长时间在塔内逗留，会精神失调，意识模糊。为了证实这一点，有人在胡夫大金字塔里睡了一宿，第二天早晨果然头脑发昏不能清醒过来，幸而被人救出。不少游客到塔内参观游览，时间一长，也有这种感觉。学者们认为这就是所谓神秘之力在发生作用。防腐和麻醉可能就是这种力所带来的效应。

鲍比用薄木板裁成底边为1米的三角形，把4块三角形的薄板拼起来组成一个金字塔模型，然后把动物的内脏、加工过的肉和生鸡肉等放入模型内部，几天后拿出来一看，并未腐烂，依然新鲜。鲍比以此证明金字塔确有一种神奇的力量存在。

鲍比的模型实验进一步引起了各国学者对金字塔的兴趣。后来美国的研究人员又做了一项模型实验。他们把1000克牛肉分成两份，每500克为一份，一份放在自制的金字塔模型之内，另一份放在模型之外进行对照实验。在同样的室温条件下，放在模型内的牛肉5天后完全脱水，变成了牛肉干。而放在模型外的牛肉，不到4天就腐烂发臭了。

△ 埃及金字塔狮身人面像

接着，日本研究人员也做了几项对比实验。他们把同样的牛奶分装两杯，自制的金字塔模型之内放一杯，另一杯放在模型之外，经过50小时，模型内的那杯牛奶变得像奶酪一样干硬，但未变质，而在模型外的那杯牛奶已经变质了。

在临床医学方面是否适用金字塔力呢？对此，美国牙科医师派力司·盖费斯博士也做过一项实验，他把铝合金板块制成了72个小型金字塔模型，挂在自己诊疗所的天棚上，在这些模型下边给牙病患者做手术，效果比较显著，患者说疼痛比以前减轻，术后恢复也加快了。美国盖费斯博士把这研究成果写成学术报告，发表在《齿科学术》杂志上，指出可能是金字塔力的防腐保鲜效应对牙科手术的成功起了一定作用。

但是，尽管科学家们做了如此多的对比实验，也只能说他们对神秘之力的现象有了更多的了解。至于“金字塔之力”的形成原因，至今也没有人能作出科学合理的解释，仍是一个未解之谜。

埃及狮身人面像之谜

在埃及的尼罗河畔，除了众所周知的金字塔外，还屹立着一座巨人——狮身人面像。它从埃及向东方凝视，面容阴沉忧郁，既似昏睡又似清醒，蕴涵着一股雄壮的气势，给人以神秘的遐想。多少年过去了，经过几千年的风吹日晒雨淋，一切都在变化之中，然而狮身人面像却一直默默地守护在尼罗河畔，似乎在捍卫着什么，守望着什么。然而又是谁建造了它，保护了它，为它除沙除尘呢?

有种意见认为，狮身人面像在埃及“古王国”时期建成，是由第四王朝的法老卡夫拉（公元前2520——前2494年）建成的。这是传统历史学观点，它出现在所有埃及学标准教科书、大百科全书、考古杂志和常见的科学文献中。这些文献都表示，狮身人面像的面部是按照卡夫拉本人的模样来雕刻的——也可以说，卡夫拉国王的脸就是狮身人面像的面孔，这一点已被认为是历史事实了。

比如，闻名世界的考古专家爱德华兹博士就说过，狮身人面像的面部虽已严重损坏，“但依然让人觉得它是卡夫拉的肖像，而不单只是代表卡夫拉的一种象征形式”。

他们之所以这样说，根据之一乃是竖立在狮身人面像两前爪之间的一块花岗岩石碑上刻着一个音节——khaf。这个音节被认为是卡夫拉建造狮身人面像的证据。这块石碑与狮身人面像并不是同时出现，而是对图特摩斯四世法老（公元前1401——前1391年）功德的纪念。这位法老把即将埋住狮身人面像的沙土彻底清洗干净了。这块石碑的碑文说狮身人面像代表了“自始至终存在于此的无上魔力”。碑文的第13行出现了卡夫拉这个名字的前面一个音节khaf。按照瓦里斯·巴杰爵士的说法，这个音节的出现“非常重要，它说明建议图特摩斯法老给狮身人面像清除沙土的赫里奥波利斯祭司认为狮身人面像是由卡夫拉国王塑造的……”。

然而仅仅根据一个音节，我们就能断定卡夫拉建造了狮身人面像吗？1905年，美国埃及学者詹姆斯·亨利·布莱斯提德，对托马斯·扬的摹真本进行了研究，却得出了与此相悖的结论。布莱斯提德说：“托马斯·扬的摹真本提到卡夫拉国王的地方让人觉得，狮身人面像就是这位国王塑造的——这完全是没有事实根据的；摹真本上根本看不到古埃及碑刻上少不了的椭圆形图案……”

你也许会问什么是椭圆形图案。原来，在整个法老统治的文明时期，所有碑文上国王的名字总是包围在椭圆形的符号里面，或是用椭圆图案圈起来。所以，很难使人明白刻在狮身人面像两前爪之间的花岗岩石碑上的卡夫拉这位大人物的英名——实际上其他任何一位国王都不例外——怎么可以缺少椭圆图案。

再者，即使碑文第13行的那个音节指的就是卡夫拉，也不能说明是卡夫拉雕刻了狮身人面像。卡夫拉可能还因为其他功绩被怀念着。卡夫拉身后的许多位（或许其身前也有许多位）国王（如拉美西斯二世、图特摩斯四世、阿摩斯一世等）都修复过狮身人面像，卡夫拉怎么就不可能是狮身人面像的修复者之一呢？

实际上，19世纪末和20世纪开创埃及学的一大批资深学者都认为狮身人面像并不是由卡夫拉雕刻，这一说法才是合乎逻辑推理的。当时担任开罗博物馆古迹部主任的加斯东·马斯伯乐也是那个时代是受人推崇的语言学家，也是认同这种观点的学者之一。

他在1900年写道：“狮身人面像石碑上第13行刻着卡夫拉的名字，名字前后与其他字是隔开的……我认为，这说明卡夫拉国王可能修复和清理过狮身人面像，这在某种程度上也证明了狮身人面像在卡夫拉生前已被风沙埋没过……千百年过去了，‘斯芬克斯’仍然伫立在尼罗河畔，即使它的身上已经是千疮百孔。也许对于敬仰它的人，膜拜它的人来说，这无损于它的形象。”

至于真相究竟如何，还有待于进一步研究。

揭秘克里特岛的米诺斯文明

希腊克里特岛的米诺斯文明是以传说中的国王米诺斯的名字命名的。直到19世纪末，人们才不怀疑这一文明确实存在过。荷马在史诗《伊利亚特》和《奥德赛》中叙述的英雄和诸神的故事，早先曾被学者们当做民间神话而不予考虑。但是，德国的浪漫主义作家亨利希·谢里曼深信这些故事。他发誓要找到并发掘希腊人和特洛伊人为了海伦而进行战争的所在地特洛伊古城。他靠私运茶叶到俄国弄到了必需的资金，于1870年开始探索。他获得了巨大成功，发现了小亚细亚的特洛伊和伯罗奔尼撒的美锡尼的遗址。虽然他的某些成果对考古学来说是灾难性的——因为他热情有余，专业知识不足，令人失望地将若干文化层的遗物不加区分、杂乱地收集在一起——但是，希腊存在过古典期以前的文明这一点从此得以证明。19世纪末，英国考古学家阿瑟·伊文思在克里特岛的克诺索斯发现了米诺斯文明的中心。

公元前三千纪初叶，当来自小亚细亚或叙利亚的外来移民带着新技术到达克里特岛时，当地的新石器时代的村社已建立很久了。这些外来移民所发现的这块陆地土壤肥沃，以盛产鱼、水果、尤其是橄榄油而出名。它位于地中海东部的中间，周围的海面风平浪静，气候条件较宜于用桨或帆推动的小船航行，因而它的地理位置对商业贸易极为理想。水手从克里特岛可乘风扬帆地北达希腊大陆和黑海，东到地中海东部诸国家和岛屿，南抵埃及，西至地中海中部和西部的岛屿和沿海地区；不管朝哪一方向航行，几乎都可以始终见到陆地。一点也不用奇怪，克里特岛成为地中海区域的贸易中心。它的地理位置不仅对商业发展，而且对文化发展也是很理想的。克里特岛人与外界的距离是近的，近到可以受到来自美索不达米亚和埃及的各种影响；然而又是远的，远到可以无忧无虑地保持自己的特点，表现自己的个性。这一点

△ 米诺斯王宫遗址

使他们获得极大成功，无疑，克里特岛人的文明是古代世界最优美、最有特色的文明。

米诺斯文明的艺术家们并不试图仅仅以艺术品的大小来引人注目，也不关心遥远的、令人畏惧的神或神圣的国王。他们在日用器皿、住宅的墙上和自己的艺术作品中描绘周围的生活。在他们看来，到处都有模特儿——自然景物如花、鸟、海贝和各种海生物，日常生活的情景如种田归来的农夫、与公牛角斗的壮士和翩翩起舞向女神表示敬意的妇女。克里特岛人建造建筑物时关心的不是其外表，而是个人的舒适。克诺索斯城的王宫规模宏大，结构复杂，千门百户，曲折相通，显然是在好几个世纪里建成的。里面不仅有国王宝殿、接待室和起居室，而且还有占去了王宫一大半众多的仓库和手工业作坊，这一情形与从事贸易的民族相符。最了不起的要算克里特人装置的复杂的取水和排水系统，到近代为止，还没有谁能超过他们。排水系统安置得非常巧妙，天一下雨，雨水便冲洗下水道，使下水道保持干净；下水道的入口很大，工匠可以入里面进行修理。

妇女似乎享有与男子同样的自由和社会地位。从某些壁画中可以看到，妇女们挤满了斗牛场的露天看台，并实际参加与牛角力的活动。有些妇女甚至还参加战争，这与美索不达米亚、埃及和古典希腊的情况不同，那些地方的妇女深居简出，以家庭为生活中心。

克里特岛人似乎没有给他们的神建造宏大的神庙或竖立巨大的纪念碑，而是在家里留出数尺见方的场地作私人祈祷处。克诺索斯王府规模宏大，却只有一个很小的房间作礼拜堂。进行宗教礼拜的主要地点在自然界——山顶、森林或石灰石的山洞。最重要的神是一位女神，即古老的大地之母，祭祀大地之母时由女祭士而不是男祭士充任辅祭。没有任何用人或大批动物作祭品的迹象，最普通的祭品为农产品。

克里特岛人中种田的无疑占多数，不过确切地说，他们的文明具有水陆双重性。他们掌握了制海权，他们的文明是海上文明。岛上山区盖满森林，提供了建造远航海船的木材。他们驾着单桅海船，满载着埃及的粮食、象牙和玻璃，叙利亚的马和木材，爱琴群岛的银、陶器和大理石。塞浦路斯的铜，自己岛上的橄榄油和陶器，往返于地中海。只要有机会，克里特岛人无疑还大肆进行海盗活动。史诗《奥德赛》中写道，有一次国王涅斯托耳客气地问奥德修斯的儿子忒勒玛科斯；“你是商人还是强盗？”这两种职业在当时都被看做是极受人尊敬的职业，没有很大区别，只不过是海员获取自己所需物品时可选择的两种方法。

克里特村社无论在社会地位还是经济上，似乎都比大陆上的村社更奉行平等主义。克里特岛不像大陆，在几座宏大的神庙和王宫周围是一片贫民区；克里特岛主要由村庄组成，村庄很大，进行宗教礼拜的地点在室外，是村社生活的中心。各家各户通常住在用木头和灰泥造的单独的房子里。可能已有家庭奴隶，不过数目不会多，至今岛上还没有发现专门供奴隶住的房屋。所以克里特的单层甲板大帆船大概是由自由民当划手。各城市都不设城防，这表明克里特岛人认为自己的海上力量足以保护本岛的安全，而且还表明克里特的各个村社和平相处，这与美索不达米亚传统的各城市相互交战的情况正好相反。总的说来，古代作家把克里特岛称作“伟大、富有、衣食充足”“福岛”，是可以理解的。

古罗马的庞贝城是怎样重见天日的

在意大利半岛西南角的坎佩尼地区有一座历史悠久的历史名城——庞贝城。它曾经是罗马富人寻欢作乐的胜地；它曾经是一座人口超过2.5万人的酒色之都；它也曾经是一座背山面海的避暑小城。然而在一夜之间，这一切都灰飞烟灭了。

在79年8月24日这一天，维苏威火山突然醒过来了。火山喷出的灼热岩浆遮天蔽日，四处飞溅；浓浓的黑烟，裹挟着滚烫的火山灰，铺天盖地降落到庞贝城；令人窒息的硫黄味弥漫在空气中，弄得人头昏脑涨。很快，厚约5.6米的熔岩浆和火山灰就毫不犹豫地将庞贝城从地球上抹掉了。即使到今天，庞贝城也只有3/5被考古学家们发掘出来，它同赫库兰尼姆城一样，仍有许多死难者、器具和建筑物被深深掩埋在地下。尽管如此，世人已经看见了一个富丽堂皇的庞贝城了。

庞贝城占地面积1.8平方千米，用石头砌建城墙周长4.8千米，有塔楼14座，城门7个，蔚为壮观。纵横的4条石铺大街组成一个“井”字形，全城被分割成9区，每城地区又有很多大街小巷相通，金属车轮在大街上辗出了深深的车辙，历历在目，仿佛马车刚刚驶过一般。

在大街的十字路口都设有高近1米、长约2米的石头水槽，用来向市民供水。那么水槽里的水又是从哪里引来的呢？原来水槽与城里的水塔相通。水塔的水则是通过砖石砌成的渡漕从城外高山上引进来的，然后分流到各个十字路口的公共水槽中，这个系统也为贵族富商庭院的喷泉和鱼池供水。

庞贝城里还有3座大型剧场，其中最大的一座剧场位于城东南，建于公元前70年，可容纳观众2万人，也可以当做角斗场，当年人与人、人与兽的角斗就曾在这里举行。

△ 庞贝城遗址

这座大型剧场的东侧还有一座近似正方形的圆形体育场，边长约130米，场地三边用圆柱长廊围住，黄柱红瓦，十分金碧辉煌，场地正中央是一个游泳池。这个体育场估计能容纳观众1万余名。

城西南有一个长方形广场，是全城政治、经济和宗教中心，四周建有官署、法庭、神庙和市场。

城市至少建有一座公共浴室，不但冷热浴、蒸汽浴样样具备，还附有化妆室、按摩室，装修也十分到位，墙上还用石雕和壁画装饰着。

庞贝城遗址充分反映了古罗马社会的道德沦丧，一部分人沉溺于酒色，纸醉金迷，生活糜烂。庞贝城明显有两多：一是妓院多，二是酒馆多。不堪入目的春宫画画满了妓院的墙壁，各种淫荡的场画在墙壁上随处可见，城内酒店林立，店铺不是很大，酒垆与柜台都在门口，酒徒可以站在柜台外面喝酒，酒鬼们在一些酒店的墙壁上留下了信手涂鸦的歪诗邪文，至今依稀能够辨识出来。

比起埋在地下20～30米深且被新城覆盖的赫库兰尼姆，庞贝城埋在地下平均深度为3.6米，较易发掘，但要运走那么多的泥石，也不是一件容易的事。目前，整个庞贝遗址就是一座博物馆，用外墙围成，不准任何人居住，更不准车辆入内，而在遗址外围，逐渐形成了一座几万人的游览城市。

1000多年过去了，庞贝城于1748年偶然间被当地的农民发现了。一座死城就在科学家们的努力下重见天日。它反映了古罗马时代城邦居民的日常生活，是一座世界少有的天然历史博物馆。当你游览庞贝古城的时候，你会发现这一切似乎都发生在昨天，与自然相比，人类是多么的渺小。

尼尼微究竟在哪里呢

巴比伦文明与这三大文明最大的不同就是，它是一个“死”的文明。就是说，在近现代考古发掘发现这一文明之前，当地伊斯兰文明的居住者（阿拉伯人）由于不是两河流域古代文明的直接继承者而不知道这一文明的丰富内容，也无法继承和保存它的遗产。因此，没有任何文献流传于当地的知识界，即使当地偶尔发现了一些刻有古文字的碑铭，也因无人能读懂而废弃。当时世界对于这一文明的了解仅限于《圣经》和少数古典作家的片段的、有时是变了形的描述。

那么，这“死去的文明”是怎样复活的呢?

在希腊罗马的古典文明兴起后不久，已有3000年历史的两河流域文明就开始衰亡了。不断的战乱使许多城市成为废墟，这些废墟又被风沙尘土掩盖，变成一个个土丘。随着时间的推移和居民的变迁，附近的居民再也不知道这些土丘的名字和历史了。在两河流域和周围地区，有千百个这样的土丘。金色的沙漠中，只有尘暴绕着这些山丘旋转，把黑土堆成一座座陡峭的山峦，显得神秘而又肃穆。直到十六七世纪，除了一两个旅行学者对这些孤寂的土丘发生过兴趣外，从没有人想到这些神秘的土丘下究竟藏着什么秘密。

1415年，哥伦布开辟了新航路，向欧洲人打开了一个未知的世界。此后，欧洲掀起了对欧洲以外世界的探险热潮。《圣经》中提到的“两河之间的土地”——美索不达米亚，向欧洲人显示了一种特别的诱惑力。《圣经》中说：“耶和华必伸手攻击北方，毁灭亚述，使尼尼微荒芜，干旱如旷野。”可是，“亚述”在哪儿？“尼尼微”在哪儿？这引起了欧洲人极大的兴趣和探险热情。16世纪后，众多的富于冒险精神的旅行家、探险家把目光投向了西亚的两河平原。

当时，美索不达米亚隶属于奥斯曼帝国，因疏于管理，那里政治混乱、环境恶劣，霍乱、痢疾等传染病流行，到那里去要冒生命危险。尽管如此，欧洲的探险家们还是抱着不同的目的拥向那里，试图根据史学家只鳞片甲的记载和《圣经》中诗意的段落，来寻找这片神秘土地下埋藏的宝藏。

最早到达和有所收获的探险家是意大利人，名叫彼得罗·代拉·瓦勒。1616年，他来到美索不达米亚，参观了一些小山丘，认出了希拉镇北60公里的巴比伦遗址，而且带回了许多巴比伦遗迹的纪念品，其中包括一些刻有文字的砖块。这些文字的形状像楔子，1700年英国人汤姆斯·黑德将其定名为“楔形文字”。虽然无人能识这种古文字，但越来越多的欧洲探险家对两河流域的小土堆有了极大的兴趣。

1761年，丹麦王派遣了一支6人科学考察小组去西亚收集和发掘古代文物。不幸的是，有5人暴亡，只有队长兼数学家卡斯腾·尼布尔幸存下来。他克服重重困难，设法到了古波斯首都遗址波斯波里斯，摹绘了许多楔形铭文，并第一次借助于草图向同时代人阐述了自己对“尼尼微”古都遗址的见解。他的探险和发现为后来的学者们提供了宝贵的借鉴。

还有一个值得一提的早期探险家是英国人克劳狄·杰姆斯·瑞奇。瑞奇天资聪颖，9岁时就学习东方语言，14岁涉猎中文，对古代史和古迹极感兴趣，一直梦想能找到消失了的尼尼微城。24岁时，他被任命为英国驻巴格达总领事和东印度公司的代表。任职期间，瑞奇的官邸成了考古活动中心。1820年，他考察了巴格达以北的许多土丘，搜集了很多破碎的陶器及刻有楔形文字的泥版、界碑和圆筒印章等珍贵文物，其中两枚圆筒印章后来被分别证实为新巴比伦著名统治者尼布甲尼撒二世和亚述国王辛那赫里布的印章。但是，瑞奇并没有能揭开神秘的土堆之谜，就在他准备一展宏图时，一场突如其来的霍乱夺取了他年仅34岁的生命。他的遗孀把那些文物全部卖给了伦敦大英博物馆。此后20多年中，考古学家们一直苦苦探寻土堆的奥秘，都未得其果。

直到19世纪中叶，《圣经》中提及的“尼尼微”还未被证实。当初鲍塔把赫尔萨巴德土堆当做尼尼微的废墟实际上是错误的，他挖掘出的是杜尔沙鲁金，即萨尔贡二世的宫殿。那么尼尼微究竟在哪里呢?

有一位搜寻者名叫保尔·伊迈尔·波塔，法国驻莫索的领事。波塔开始发掘库羊吉克，希望能找到尼尼微的遗迹，可是一连干了好几周只找到几块骨头，于是失去了兴趣。随后，他又听说向北几公里外有一个叫喀霍沙巴德的地方，可以找到大量的刻文砖，他派了几个工人去现场了解情况，带回的信息令人振奋，说是看见刻有巨大的人和怪兽的墙壁。

波塔急忙亲往考察，看见先去的工人们已经发掘出了壁刻，有的是公牛像，有的是大胡子人像，还有的是带翅膀的狮身人面像。兴高采烈的波塔向全世界宣布，说他已找到了尼尼微。法国政府命令他尽量发掘遗迹古物，并送回法国。可是搬运工作极其艰难，几乎无法实施。

与希腊、罗马和埃及的石制遗迹不一样，美索不达米亚的古城都是用晒干的泥砖建造的，只有雕塑、重要的门面、用于庆典或装饰的墙板才用石头造成。历经许多年代的美索不达米亚城砖易碎易塌，给搜寻特殊建筑轮廓的考古者们造成极大的困难，发掘工地看起来不像一座掩埋在土里的城市，而像一个巨大的蚂蚁堆。一堆堆的脏物，一堆堆的破砖，发掘者们正在往里打通道，搜寻陶碑、雕塑和宝藏。

波塔在喀霍沙巴德发掘出了长翅膀的牛身人头宫廷卫士、15英尺高的国王与神灵的石膏肖像等许多大雕塑。波塔和汗水淋漓的工人们历尽千辛万苦，总算把这些战利品搬上了底格里斯河的筏子上。这些古物将随筏子向下漂往波斯湾，在那里装船，经过南非好望角附近波浪涛天的水域，运往法国。虽然在运输过程中，一些雕塑在底格里斯河或海上破损遗失，但大量的古物安全抵达了法国，引起了轰动。这些古物不仅创造了新的亚述学研究，并且创造了 种称为“亚述复兴”的新时尚。在这段复兴时期里，流行的家具、装饰品、珠宝以及妇女的服装都带有古亚述王宫图案风格。

然而，波塔发现的究竟是不是尼尼微呢？最终还是英国人亨利·奥斯滕·莱亚德把这个谜解开了。

当时，不甘心让法国人摘去发现亚述城桂冠的英国人急派代理人奥斯丁·亨利·勒亚德去了美索不达米亚。莱亚德1817年出生于巴黎，16岁到英国攻读法律。莱亚德酷爱旅游和考古，青年时代已在中东许多地方旅行过，他22岁时前往两河地区考察古代遗迹。此时在为英国驻君士坦丁堡的领事馆工作。一本传记资料把他的工作称作一种介于政治活动和谍报工作之间的使命。在英国驻伊斯坦布尔（当时称君士坦丁堡）的大使坎宁爵士帮助下，他开始在美索不达米亚进行挖掘。

1845年，领事馆派莱亚德去莫索，以宣告确立英国人在亚述学方面的荣耀。莱亚德故意在多疑的法国人和地方酋长们的面前晃荡而过，装得像个打猎的猎人；私下里却把工具偷运到莫索附近的土丘处，开始发掘。夜幕降临之前，他的工人们已发现了两个亚述宫殿遗址。不久，他就发掘出了象牙雕刻、楔形文字碑和记载战斗场面的雕塑画板。“我生活在遗迹堆里，”他在给一个婶婶的信中写道，“连做梦也难想到其他事。”

莱亚德和波塔一样，对古遗址没有进行科学考察，一门心思地寻找珍贵的东西，运回家去。不久，大量的飞狮、飞牛和其他宝藏开始踏上艰险的旅程，沿下游漂运。仅仅一个巨大的牛像，就需要一只由600张羊皮制作而成的皮筏子运载，一队全副武装的防盗匪士兵来保卫。莱亚德在波斯湾的底格里斯河口将文物装船转运，送往伦敦，日后在庄严的伦敦博物馆里再现风采。

1845—1847年，莱亚德对尼姆路德进行了发掘。他第一个所探的地方就挖掘出了一座宫殿和雕像，以及著名的“黑色方尖碑”和巨型带翼牛。一开始，莱亚德以为这就是尼尼微，后来才证实是卡尔胡城，亚述国王那西尔帕二世（公元前883—前859年在位）的宫殿。

1847年，莱亚德开始发掘库羊吉克，就是波塔在发现喀霍沙巴德之前曾检测过然而又放弃了的土丘。莱亚德发现波塔当时找对了地址，只是挖掘得不够深。而莱亚德在这里找到了尼尼微最大的一座宫殿。

在库羊吉克土下20英尺处，有大量的文物。正如亨利·罗林逊在翻译楔形文字过程中很快证实的一样，库羊吉克真的是长期被人们寻找的尼尼微。尼尼微才是传说中的强大的亚述王国的首都，才是《圣经》中所说的先知约拿布道的首都。

埋葬地下的特奥帝瓦坎之谜

被埋葬在地下的古代墨西哥最具轰动效应的大都市特奥帝瓦坎早在阿兹特克人时期就已是一座废墟。他们以为这是古代诸神的墓地。

诸神飞向宇宙，却留下这座大都市的规划和建筑。

负责修建特奥蒂瓦坎城的祭司建筑师到底是谁，现在谁也不得而知。有一点没有争议，那就是特奥蒂瓦坎城为墨西哥高原最古老的文明，始建于1000年左右。

特奥蒂瓦坎城非一日建成。考古学家现已确定了它的5个建城时期。在600年左右的繁荣时期，特奥蒂瓦坎拥有约20万人口。

20世纪的城建经验告诉人们，城市的发展是多么杂乱无章，缺乏系统。特奥蒂瓦坎却完全是另外一副样子。在这里，从一期建造开始就有完备的计划，并在以后的扩建中得到严格遵守。1000年不算太短，对于今天的城市管理部门来说，让他们现在的设计规划经受住这么长时间的考验只不过是一个梦想。

女考古学家劳瑞特·泽约涅曾多年领导特奥蒂瓦坎的发掘工作。她认为，在这高度文明的发祥地，存在着一个尚未完全揭开的秘密：这样非凡的智慧从何而来，竟然可以成就如此伟大的规划?

人们不知道那些神秘的设计建造者是谁，于是以这座城市的名字称呼他们——特奥蒂瓦坎人。

一条纵贯南北的豪华大道。长3公里，宽40米，人们叫它“冥街”。这确实是一条豪华的街道，左右两侧点缀着金字塔和神庙平台。朝北望去，林荫道的坡度足有30度；站在南端，会有一种错觉：街道仿佛直通云天。于是就成了这样：站在低处一端，就会看到高度相等的台阶组成的楼梯无边无际，最后与3公里外的月亮神金字塔融为一体。反之，站在月亮神金字塔上，看到的不过是一条笔直的街道。所有的台阶像是让神一笔抹去了。

正式的说法是：那些特奥蒂瓦坎的神秘设计者应是石器时代的人类。测量一条长3公里的街道的方法是每隔几米建六级台阶一处平台，所有这些台阶和平台需在不断升高的街道尽头分毫不差地与一座巨型金字塔相融——该是多么困难。因为不能有一级台阶、一处平台和一块间隔与标准发生偏差。这真是石器时代的作品吗？

冥街尽头的月亮神金字塔是一座梯形塔式建筑，塔基为150×200平方米，比两个足球场还要大。此塔建在44米的高度上，有5个中心走廊，中部的宽台阶延伸至最高的平台，平台上面有一座闪闪发光的金色神像。

从月亮神金字塔望去，左面是中美洲最有纪念意义的建筑物——太阳神金字塔，占地222×265平方米，比月亮神金字塔高20米。从最高平台望去，给人的感觉是太阳神金字塔与月亮神金字塔等高。这种错觉是街道的坡度造成的。

另外，特奥蒂瓦坎太阳神金字塔的体积要大过吉萨的胡夫金字塔，据估算，它用了100万吨的黏土砖和石料。两座金字塔外沿原来都抹上了硬灰浆，色彩一定是饱满而鲜明的（从残留的痕迹还可以看出）。太阳金字塔顶曾有一座金银铸成的神像。

冥街上有许多不同的金字塔遗址、平台和装饰繁复的浮雕，图案多是羽蛇，还有猴子、美洲豹和手里拿着不知何物或是背上长着翅膀的祭司。

特奥蒂瓦坎的带魁扎尔科亚特尔神神庙的城堡是一个比较大的建筑。说是“城堡”又不免有些荒唐，因为人们会理解成“要塞”的意思。其实，特奥蒂瓦坎的城堡和要塞没有什么共同之处，就像印度神庙和法兰克福中心火车站一样不相干。当然了，这名字并不是建筑者起的。太阳神金字塔、月亮神金字塔、城堡、魁扎尔科亚特尔神神庙——人们就这么叫，但是从来没有在意过建造者给他们的得意之作起了什么名字。

城堡的边长通常为400米，北、南、西三边各有4座金字塔，如今只剩下一些残垣断壁了。魁扎尔科亚特尔神神庙有石雕花纹装饰：羽蛇蜿蜒在曲状

△ 特奥蒂瓦坎太阳神金字塔

花纹中；楼梯墙壁和浮雕上狰狞的魔鬼面具死死地盯着你；神庙墙角趴着巨型羽蛇，头上发光，脸像喷火龙。古代中国也有这样的图案，诸神骑着火龙从天而降，并且也是在墙角。

今天，在刺眼的阳光下，这些图案呈现出白、灰、褐三色，从前的色彩一定像彩虹般绚丽。每个神都拥有自己的颜色，浮雕不仅仅是装饰，还有着特别的宗教意义。

魁扎尔科亚特尔神神庙的装饰花纹表明，在阿兹特克时期和玛雅时期之前就有这种飞翔的蛇神形象了。

在街道旁边的神庙平台和金字塔后还有一些建筑群，今天的人们认为那里是住宅区。出土的30多间房屋构成完整的住宅区，还包括小型神庙、礼拜堂和完备的下水管道。整个城市被划为若干个手工业区：这角是制陶作坊，那角是石雕作坊，第三角是纺织作坊。笔直的马路贯穿全城，垂直交叉。特奥蒂瓦坎就是中美洲的纽约城！

几年前，考古学家在山城和山顶周围发现了一些岩石划痕，舒展的线条在特奥蒂瓦坎上空织成一张网络。有人曾于3月21日春分时从太阳金字塔塔顶向西眺望，太阳毫厘不差地在一块标有记号的石头下坠入地平线。在以西14公里处的塞罗奇科瑙特拉，也见到过类似的划痕记号；35公里以外也有。

一扇门很有名，它通向大金字塔下面，那里面有4间房子，人们叫它“神洞”。考古学家猜测，整个建筑就是建在神洞之上的，神洞代表地狱的入口和中美洲的中心。朝圣者、商人和殖民地开拓者络绎不绝来此朝拜。

另外在太阳神金字塔不远处有一处地窖，禁止游人入内。这是一个真正的谜，专业人士也无法解释。一层厚厚的云母层将许多房间隔开，奥妙到底在什么地方?

看一看地窖的窖顶：先是一层石头，然后是15厘米厚的云母层，最后又是一层石头，很像一个大三明治——面包、火腿、面包。

看门人打开地面的铁盖，一瞬间，阳光射进洞口，强烈的光束为云母所反射。目前已发现了30米厚的云母层。

可是，特奥蒂瓦坎房顶上的云母是从哪儿来的呢，用途又是什么？一个考古学家认为，云母在阳光下熠熠生辉，因此当做太阳反射器用。

但这种说法说不通。屋顶上的云母像三明治，根本接触不到阳光。就算要把整个屋顶铺满云母，用以大量反射阳光，薄薄的一层就够了，15厘米未免太厚了。

神洞的屋顶与外隔绝，是不是因为其中装有敏感的设备？是防电（闪电），还是抗酸、抗高温？如果开始靠题了，新的问题也随之出现了。那就是石器时代的建造者是从哪里知道云母的多种性能的？特奥蒂瓦坎人在干活的时候既不使用危险的酸和电，也不会经历高温。地质学家确认特奥蒂瓦坎地下的人工云母层为莫斯科云母，我们的祖先把它称作“来自莫斯科的玻璃”。

肯定有人知道从哪里可以进口这些云母，对其质量也了如指掌。石器时代的建造者能担此重任吗?

三星堆文明之谜

谜在很大程度上是因为人们对一件事物没有足够的认识而形成的，三星堆成为世人瞩目的千古之谜却不是如此。通常人们认为通过考古发掘是可以帮助人们揭开历史之谜的，自1929—1986年，人们对三星堆的认识越来越多，可是离它的解却越来越远。下面回顾一下三星堆遗址的考古发掘情况，希望更多的人可以参与到这桩历史之谜的破解中来。

现在所谓的三星堆遗址总面积12平方公里。其中心区域是一座由东、西、南三面城墙包围着的古城，北面是鸭子河。城区面积近4平方公里，与中原王朝的早期王都河南郑州商城相当。3000多年前如此宏大规模的城市，在全国范围内都实属少见。可见当时蜀国的发达和强盛，广义的三星堆是指整个遗址，而狭义的三星堆是特指遗址内的三个黄土堆，它与北面犹如一弯新月的月亮湾，隔着古老的马牧河南北相望，“三星伴月”由此得名，并在很早以前就成为当地一处著名的人文景观。遗址内最早发现的文物是在1929年的春天，当地燕氏农民在自家院子附近挖水沟时偶然发现了一坑具有浓厚古蜀地方特色的玉石器大约400余件。当时人们对这批东西就表现出了很大的兴趣，抗战爆发以后，我国许多著名的专家和学者来到相对平静的西南地区，对这个地方更是给出了极大的关注，结果却是众说纷纭，莫衷一是。1986年7月至9月，三星堆遗址考古取得重大发现，两个大型商代祭祀坑的相继发掘，出土金器、玉石器、青铜器、骨器、陶器等珍贵文物达1200件之多。这时在人们记忆中逐渐淡化的谜团又以更大的力量吸引了人们的注意力。可是这次出土的东西非但没能为解谜提供新的线索，反而把人们拖入了更大的谜团。那么这次发掘都出了些什么呢?

最具特色的一件文物叫纵目人面像，现在三星堆博物馆顶端悬挂的人面

△ 三星堆铜人

像就是用它为原型以一定比例制作的。纵目面具宽达1.38米，它最奇特之处就是两眼突出达16厘米，且耳朵很大，被很多观众称为“千里眼、顺风耳”。而学者认为它应该是传说中第一代蜀王——蚕丛的形象。古籍《华阳国志》记载蜀人始祖蚕丛“其目纵”。“纵”字有前伸的意思。“纵目”很可能指的就是凸出的眼睛。古人可能有意夸大了祖先的特征，如眼睛、耳朵，鼻子、嘴巴，似乎是利用夸张的五官来表现祖先有超人的能力。大面具的额头正中有一个人工錾凿的方孔，这个方孔是用来干什么的呢？从其他面具上类似的式样上我们或许可以找到答案，有些面具两侧都各有两个方孔，推测起来方孔可能是作固定用的，这些面具应该是固定在柱子或土台上作为神来被崇拜的。

还有一类文物被考古工作者定名为神树，1号神树虽顶部残损，但其高度仍达3.95米，是目前所知世界范围内同时期单件青铜器中形体最大的一件。

神树由底座、树以及树上的龙组成。树的底座呈穹窿形，三面镂空，象征着一座神山，神山上矗立着高大挺拔的通天神树。树分三层，每层有三个树枝，树枝上有刀状的果叶、硕大的果实，在每颗朝上的果实上都站着一只跃跃欲飞的鸟。树干上嵌铸了一条造型怪异的龙，龙头朝下，身体呈辫绳状，可能表现的是传说中“一头双身”的蛟龙，其前爪匍匐在树座上，后爪像人手，身上还挂着刀状的羽翅。

虽然三星堆出土的青铜文物也有形体较小的，但那些大个的器物总是分外的引人注目。三星堆二号祭祀坑共出土了六件青铜太阳轮，其中的一件，直径为85厘米。其中心的圆代表太阳，外面的圆圈代表晕圈，五道光芒将太

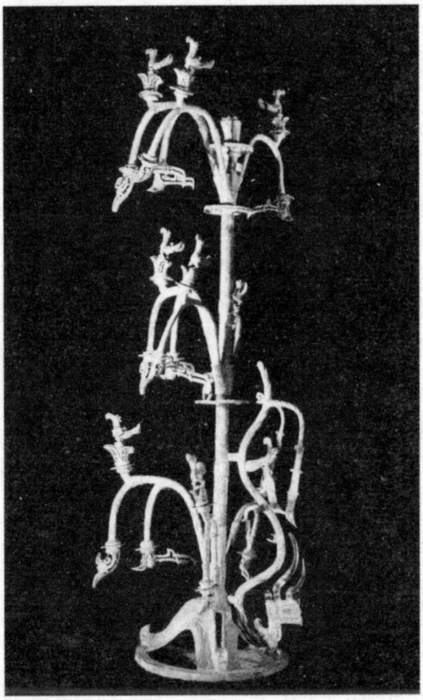
△ 三星堆青铜神树

阳和晕圈连接在一起。青铜太阳轮采用二次铸造法制成。先将晕圈和五道光芒等分为五等分铸成后，再用嵌铸法将中间的小圆圈铸在光芒上，最后再将各部分连接在一起。太阳及太阳神崇拜是人类早期共同的文化心理。在世界各地的早期岩画和文物中，有关太阳的图案或其纹饰多得不胜枚举，而以青铜的实物形态直接表现太阳的却不多见，目前仅在三星堆遗址出土了几件，它反映出三星堆古蜀国的时代特征是一个原始宗教意识占支配地位的社会，一个以太阳神为主神崇拜的泛灵时代。

同样出自二号祭祀坑青铜大鸟头也大得惊人，高40.3厘米，出土时在它的勾喙口缝和眼珠周围还涂有红色的朱砂，这只鸟头最为引人注目的便是弯钩状的喙。刚劲有力，生动传神，使人联想到展翅翱翔的雄鹰。古代传说中的蜀王柏灌、鱼凫、杜宇都以鸟命名，可见古蜀族与鸟的关系极为密切，《说文解字》中，“凫”指的是我们常见的一种水鸟鸬鹚，即鱼鹰。不少学者认为三星堆与鱼凫王的关系最为密切，大鸟头与鱼鹰的造型十分接近，从颈部的三个圆孔来看，估计是固定在神庙建筑或者其他物体之上，作为蜀王鱼凫的象征和标志使用的。

这里出土的所有的文物都给人们带来了无限的猜测，这一块神奇的土地几千年前到底是什么所在？这些形体巨大、制作精美的东西像有的人所认为的那样是外星人做的吗？我们希望通过考古工作者会为我们拂去历史积淀的尘埃，将我们民族文明史中的一大谜团解开。

非洲圣城之谜

埃塞俄比亚北部瓦罗省茶褐色的山上，矗立着世界上最撼人心弦的景色之一：由11座基督教堂构成的旷世奇观，每一座教堂都是从整座巨大岩石雕凿出来的。这是拉利贝拉地方的奇迹，拉利贝拉是以一位古代埃塞俄比亚国王为名的圣城。这些教堂都不是采用一般建筑方法“建造”的，而是一件件雕刻山壁而成的巨型杰作，里面各有中殿、通道、祭坛，甚至有凿去岩石而造成的院子。在橄榄树丛形成的万绿丛中教堂恍如点点红光，那地方简直可称为石化的仙境。

据今人所知，第一个探访过这处胜地的欧洲人在16世纪来到，他是葡萄牙神甫阿尔瓦雷斯，亲眼看到奇景，形容这些不朽文物时用上了“举世无双，不可思议”的赞美词句。400多年以后，拉利贝拉依然使人叹为观止。到访的人漫步于雕刻出来的大厅、庭院、走廊中固然惊叹不已，看到新凿成的房屋、门道和阳台更感惊奇。虽然我们难以确知这神奇的迷宫由谁人创作，但毫无疑问，是因为13世纪前期统治埃塞俄比亚的拉利贝拉国王受幻象感召，然后锲而不舍雕造的。扎圭王朝的拉利贝拉王在此出生时，此地叫罗哈城，后来为纪念国王的功绩而易名。这个王朝的统治期约维持了150年，因为那时期内，据称与所罗门王和示巴女王一脉相承的皇室血统暂时中断了。尽管拉利贝拉的世系说不上正统，但是他忠于历代所奉的宗教，而埃塞俄比亚皇室早在4世纪就信奉基督教了。

根据传说，基督向拉利贝拉梦中显灵，揭示天使会帮助石匠工作，所以拉利贝拉孕育了建造圣城的计划。撇开神话只就事实而论，这些石雕建筑工程浩大，简直是鬼斧神工，实在使人佩服得五体投地。现在有许多学者专家相信，当地石匠一定得到外来的巧匠和雕刻师指导，那些巧匠可能来自远方

△ 埃塞俄比亚拉利贝拉岩石教堂

的亚历山大港和耶路撒冷。然而无可否认，这些石雕教堂的格式是埃塞俄比亚所独有的。

特格雷省中部现在还有好几百座劈石而成的教堂散布各地，都足以证明属埃塞俄比亚的独立建筑传统。每座教堂都是由一座巨大岩石刻成的，其内外都曾加以修饰，但是没有一座在设计和装修方面能够与拉利贝拉的教堂媲美。这样的教堂在全世界任何地方也找不到，就是埃及从山腰凿出来的寺院，也不过是以雕刻的门面，遮盖着后面制作拙劣的洞穴罢了，绝对不能与之同日而语。

石匠的雕凿技巧几乎难以置信。据估计要在拉利贝拉土地上雕刻出那些巧夺天工的11座教堂，必须凿出10万立方米的石头，其中四座四周完全不与山体粘连，其余与山体连接的面积或大或小。所有建筑大体上都仿效拜占庭教堂的布局，有长方形会堂和三个供信众进出的门口。每座教堂都是独特的创作，从最雄伟的支柱到精工细雕的窗花，都是从矗立的岩石凿刻而成，经历800多年仍大致完好。进行如此宏伟的工程，石匠可能先在山麓开凿长方形的深沟槽，形成一座兀立的巨大长方形岩石，然后从顶上开始，在岩石里里外外雕凿，上层成形后才开始精雕细琢，跟着动手雕凿下层。岩石质地不很坚硬，凿刻起来也许不大费工夫，但是我们仍得猜想施工时长廊怎样获得照明和通风。他们很可能利用铜镜反射阳光进长廊内，无须使用不停冒烟的油灯。

有些教堂屹立在巨大方形坑穴内，顶部与地面齐平；俯瞰才可窥其全貌。这地区夏季经常大雨滂沱，石匠不时冒水溺之险，但是他们懂得在工地底部削出一道斜坡，有很好的防涝功能，顶部和排水边沟稍微倾斜，完全不怕暴雨造成危害。到这地方来进行研究的现代考古学家，发现当时的预防措施十分有效，就是碰到倾盆大雨也无水淹之虞。那时的工匠也真有本事！

直到最近，要参观拉利贝拉那些从岩石凿刻出来的教堂还只能乘坐骡车。早在两次世界大战之间已有人想重修这些教堂，但认真施工迟至1967年才开始。今天拉利贝拉已经成为一个兴旺的市镇，有铺面的道路，附近还有小型飞机场，只要季节适宜和政治情况许可，游客和参谒圣地者便络绎不绝。但是这些建筑物，始终还笼罩在神秘的气氛中，究竟是什么灵感使那位埃塞俄比亚国王，在那个时代那个地方进行那样庞大的工程计划呢？

最近有人试图解释何以当时要建造这么雄伟的建筑，其说法也令不少人信服。据历史记载，拉利贝拉国王执政之初，十字军东征正如火如荼，穆斯林在埃及苏丹萨拉丁指挥下夺得耶路撒冷。圣城落入穆斯林掌握之中，埃塞俄比亚的基督徒大受打击，热心的国王不得不在自己的出生地另造一个朝圣和崇拜的中心，营建成东非山中的基督教堡垒。总之，拉利贝拉的教堂圣城很可能是设想中的新耶路撒冷。

这说法不一定正确，但是有一点关于那些教堂的观感是不容争辩的：热诚无限的信念、卓越的艺术才能、超群绝伦的技术结合起来，创造了一个实至名归、亘古长存的世界奇迹。